Age wrinkles the body, Quitting wrinkles the soul.

岁月使皮肤起皱，放弃使灵魂起皱。

轻生活

680条简单、有趣、低成本、零负担的私生活tips

Robert Ashton ［英］罗伯特·阿什顿 著

麻 宁 译

中国青年出版社

目录

你的工作世界 _101

制造更多的休闲时光 _119

人际关系 _139

前言

恭喜你！打开此书，你就已经为改善你的人生迈出了重要一步。我并不是说你现在的生活是空乏无味的，我只是知道，我们每一个人都有让自己活得更开心更圆满的潜力。

我们都有想要改变的东西，那些我们感觉控制不了或遥不可及的东西。也许你已经尝试去改变一些事情，只是并不奏效。别担心，重要的是你已经准备继续尝试，直到成功。

成功并没有一个准确的定义。成功可以是你决定去完成的任何事情。成功是属于个人的，而且，让一个人感到成功的事情有时会使另一个人感到挫败。成功，大多取决于你自己的感受。如果你正迈向成功并且可以意识到这个事实，你将感到快乐和满足。持久的成功往往取决于日积月累的每一步。成功并不是为着某些困难的目标放手一搏，更多的则是作用于你生活的方方面面。

你的人生规划需要根据你的生活、志向和需求进行调整。改善生活的艺术是实现这些小步骤。短小的每一步构成了更长远的旅程，而大步流星会使你十分疲惫，并且总是伴随着跌倒的风险。

The
Life
Plan

那么这本《轻生活——680条简单、有趣、低成本、零负担的私生活tips》会给你带来哪些不同的东西呢？以下是我认为你会喜欢阅读这本书的10条理由。

1. **简单明了** —— 这本书囊括了几百个可以改善生活的小步骤。每一步都会让你的人生获得一个积极的小变化。几个小变化组合在一起，你将真实地看到差别。
2. **方便阅读** —— 这本书具有清晰的目录，而且所有建议都按照10个一组排列。这样就便于你按照自己的路线阅读此书。不会有人按照同样的路线或同样的速度阅读，你可以制定自己的读书计划。
3. **我会这么做，你为什么不呢** —— 我并不是很勇敢，这本书中所写的所有事情我都曾尝试或将要尝试。无论如何我都不会拿自己去冒险！
4. **无需查阅字典** —— 这是一本随心所欲的书，没有大话套话。使用字典虽然有教育意义，但是对你的自信没有多大帮助。这本书使用的都是简单通俗的语言。
5. **切实可行** —— 比我们优秀的人有时会使我们感到气馁。人类的本性就是关注自己的弱点而忘记自己的强项。这本书将告诉你如何改进，但不能使你成为超人——抱歉。
6. **充满乐趣** —— 个人发展不同于看医生，需要你的忍耐才能消除疼痛。它应该更像是度假，帮助你创造尝试新事物的机会。你将会喜欢这里的一切。
7. **没有更多花费** —— 改变你的人生并不意味着花费金钱。这本书并不是一张你支付不起的购物单。实际上它将向你展示如何节省金钱！
8. **许多的小改变** —— 你将惊诧于此书中一直在鼓励你改善人生的一些方面。记住，在这个游戏中，你所要做的是许多的小改变，不是少数几个大改变。大的改变会让人无法承受，而小的改变则不会。

9. **循序渐进** —— 这本书不提倡一蹴而就，而是提醒你从生活的小处出发，通过一步一个脚印的小改变，来达到整个人生状态的改善。每一次积极地尝试都将有可能成为你人生的某个转折点。

10. **这是你的专属** —— 我们每个人都是独一无二、各不相同的，这是专属于你个人的人生之旅。请你务必在阅读此书时画出重点、插入书签或者在空白处记录随笔。它专属于你并且仅属于你。尽情享受吧!

007

对你而言，成功是什么呢

我们都以不同的方式看待成功。我们受到的教育、生活的环境、自身的形象和我们工作生活所接触的周遭人群，都会对我们的理想产生影响。成功并不只是拥有更多的金钱，也不只是简单地感到快乐。它有更深层的含义。

成功的理论

什么会使我们感到成功？针对这个问题人们进行了大量的研究。亚伯拉罕·马斯罗（Abraham Maslow）的作品或许是其中最知名的一个。他是20世纪前半叶纽约的一名心理学家和专业研究人类行为的学者。在他的作品中，他总结出“需求层次理论”。简单说来，就是在没有满足基本需求的情况下，你不会有时间和意向去担忧其他任何事情。按照其重要性，需求层次理论由以下几方面组成：

1. **食物、水、温暖** —— 这是当你又冷又饿的时候最重要的东西。
2. **人身安全** —— 当你感到被威胁时，其他任何事情都不再重要了。
3. **与人交往** —— 一旦没有了饥饿与安全的困扰，你就会开始想要与人相处。
4. **尊重** —— 与别人相处时你就会希望感到被需要与被尊重。
5. **自我实现** —— 一旦被别人尊重，你就会想要去实现梦想和野心。

现代社会中，或许你已经做到了以上所列的四至五步。那么成功实际上就是让人感到有归属感，感到被关注，感到你所做的事情对你和周围的人都有好处。说起来简单，但是生活的复杂性使它变得相当困难。

10 种类型的成功

以下10种类型的成功各不相同，但在各自的领域都十分重要：

1. **物质上的成功** —— 金钱，汽车，假期，珠宝
2. **情感上的成功** —— 人际关系，自尊，满足
3. **智力上的成功** —— 学习，理解，挑战
4. **精神上的成功** —— 目标感，归属感，理性
5. **身体上的成功** —— 健康，舒适，精力充沛，外表美丽
6. **商业上的成功** —— 企业成长，盈利，名誉
7. **信仰上的成功** —— 影响他人，推进理想
8. **环境上的成功** —— 家庭，花园，保护我们的星球
9. **时间上的成功** —— 长寿，管理时间
10. **集体上的成功** —— 有效的团队合作

确定成功对你来说，意味着什么

成功对于我们每个人都有不同的含义。尽管如你所见，我们不可能拥有一个方便的共同目标可以追寻，但是本书已经为你铺好了垫脚石，因此你无需从起跑线开始。你可以使用下列10种方式来定义自己的成功。

10 种定义个人成功的方式

1. **金钱** —— 这是大多数人对成功的理解，但事实上，一旦你拥有了足够的金钱，多余的钱财不会使你更加快乐。
2. **爱** —— 无疑这是成功的一个最重要的方面。你可以爱你的伴侣、你的孩子、宠物，甚至爱上你卧室窗外的风景。没有爱，生活就会空乏无味。
3. **健康** —— 摆脱疼痛或疾病的困扰是十分重要的。但如果你没有一个健康的好身体，你可能会以不一样的方式定义成功。
4. **舒适** —— 人的身体在感觉到温暖、饱足和充分休息时，才能达到最佳运转状态。拥有一个让你感到安全和舒适的家是必不可少的。
5. **学习** —— 中学和大学教会你怎样学习，但毕业之后你依然不能停止学习。学习是你激发想象、热情和新兴趣的最好途径。
6. **娱乐** —— 有太多人把生活过得十分忙碌而不懂得享受。计划娱乐时间与计划其他事情同样重要。
7. **给予** —— “施恩比受惠更为有福”，这句古谚说得很奇怪，却很正确。分出时间去帮助别人并享受他们的成功吧！
8. **奖章** —— 很少有人会在成功时能接受到国家领导人颁发的奖章，以证明你所做的对于我们所有人来说是很重要的。有些时候简单的一句“谢谢”就足够了。

9. **改变** —— 没有什么事总是不变的。计划你人生中所要做出的改变，并衡量每一个步骤。步骤越短，你将前进得越快。

10. **物品** —— 购物是美好的，但是仅仅用支付能力来定义你的成功可能并不明智。

在以上所列的某些领域，你也许已经获得了成功，或者至少感到了满足。事实上，如果你很满足，那么你就是成功的。你应该要改变的是那些你目前还不满意的事，它们的改变让你觉得自己可以更加成功。

制定出你想要改变的事情

现在你面临的挑战是审问自己为什么想要某些东西，或想拥有某些经历。问问自己：什么事是你最想改变的，为什么？你需要确定你真正的志向，而不是简单地从别处借来的。借用别人的目标并成功赶超他们并不会使你快乐。不要试图与其他人比较目标的大小。更大并不意味着更好，它们仅仅意味着不同。

比方说，你可能想要开跑车，或者学开巴士。两者同样是令人敬佩的目标，但前提是你必须明白它们为什么对你来说如此重要。你需要想清楚自己真正想要做的事情。

10 个自我思考的问题

1. 我最想完成的三件事是什么？
2. 为什么它们对我来说如此重要？
3. 我最先想要处理的是哪一件？为什么？
4. 对我来说，什么时候完成它们是切实可行的？
5. 我应该从哪儿开始？我首先要做的小步骤是什么？
6. 我怎样衡量我的进展并持续跟进？
7. 我还需要联合哪些人？
8. 他们能给予我什么样的帮助？
9. 我怎样才能知道我已经完成了它们？我应该怎样庆祝？
10. 一旦完成了，下一步我想要做什么呢？

你的答案将帮助你清楚地了解你的方向。首先，你在导入自己的价值，因为对你来说重要的事，对于处在和你相同情况下的别人，不一定同样重要。你也要开始识别你周围的人，谁的支持会使整个过程更加轻松。

为什么我们的需求各不相同

我们每一个人都有自己对于人生的希望。这决定了我们对于成功的独特定义，并导致每个人的需求各不相同。我们不时地询问自身的价值、抱负和梦想，而别人的追求也通常会促使我们思考。

广告就利用了这一特点。如果两个青春靓丽的人在电视上展示他们使用了×产品之后是多么享受生活，那么你自然会猜想如果你购买了×产品，你也将变得美丽。汽车、咖啡、化妆品甚至地毯都是这样进行推销的。

10 种方式解释为何我们看待事物各有不同

1. **父母** —— 无论你是否情愿，父母对生活的态度都会对我们造成影响。你也许分享了他们的价值和抱负，也可能完全反对他们。仔细回想一下父母的态度是如何影响你的。
2. **地点** —— 你生活在世界上的哪个地方极大地影响着你看待事物的方式。试想生活在纽约或尼罗河三角洲的人的区别。童年的环境有没有改变你看待事物的方式?
3. **人群** —— 许多成绩好的人与其他好学生同窗共读，使自己更具竞争力。在你身边的同龄人中，谁的成绩最好？你能从他们身上学到什么?
4. **爱好** —— 你也许喜欢滑雪，或者你讨厌寒冷。你也许喜欢显摆你的纯种狗，或者你被狗咬过而憎恨它们。哪些早年的经历影响了你的爱好？对此你感到满意还是想要挑战一下那些你曾不喜欢或感到害怕的东西?
5. **态度** —— 如果你挺直腰杆儿走路，世界看起来就会更广阔。如果你无精打采走路，就只能看到自己的脚尖。你的立场影响着你的观点。如果你并不高大，想想如何让你的视线高出人群。
6. **偏见** —— 你自身的偏见以及周围人们的偏见影响着你的想法。如果你有偏见，你需要面对并克服它们。把自己放在你不喜欢的情况之下，并找出偏见背后的现实。

7. **政治** —— 你所选择的政治立场会提供一份现成的态度及观点清单，你可以认同或挑战它们。有时候你最好保持独立并形成自己的观点。

8. **观点** —— 你看待事物的方式也许会有别于处在相同境况下的其他人。你需要了解是什么情况会导致大家的观点不同，并且不要试图把自己的观点强加给别人。

9. **哲学** —— 这个词不只包含了宗教。你个人对于人生、死亡和神明的信念影响着你的希望。哲学并没有对错。看看别人的哲学是如何改变他们看待世界的方式的。

10. **周遭** —— 独处还是在人群中会对我们看待世界的方式造成了极大的不同。如果你周围的人不多，你就会更多地衡量他们。试着独处一段时间，然后置身于拥挤的人群。你还是你，但处在每一种情形中你都会有不同感受。问问自己，这是为什么？

你的文化背景同样会对你的人生观产生影响。在决定传统和内心之间的平衡点时，你的思想会产生矛盾。记住，你不得不去面对自己的过去——是它造就了你。你也不能疏远那些养育你、爱护你的人。如果他们成长的环境和养育你的环境有所不同，这将会是个挑战。试着留心一下文化观点和传统在不同的地方会拥有怎样的区别。如果你的长辈和你看待世界的方式不一样，试着去了解这是为什么。体会他们的观点可能会对你形成自己的观点有所帮助。

我们的理想是如何随着时间变化的

对于大多数人来说，我们都是怀揣着雄心壮志开始我们的成年生活的，但却被时光流逝和辛苦工作慢慢打磨着。我们开始为日常生活疲于奔命，忘记了学生时代的那些理想。重拾这些理想是一个不错的开始，尽管随着年龄的增长，生活的经历会为你带来新的理想。然而，重拾早年的抱负的确是一个不错的开始！

试着做一张清单，列出18岁时你想要做的改变世界的事情。然后标出那些你仍然认为值得一做的事。问问自己，为什么一些事情对你而言已经不再重要。是因为你对它们了解得更多？还是仅仅因为你所关注的焦点改变了？

你也可以在这张清单上添加18岁时并没有困扰你，而目前你所关注的事情，也考虑一下这些事。如有可能，和你信任的人进行讨论。他们可以向你发问，来帮助你更好地理解。

认识到自己在随着时间变化是十分重要的。正如迄今为止你已经改变了你的观点和生活的重心，它们将会不可避免地随着你年龄的增长继续改变。

写下你的计划

现在是写下你的人生计划的时候了。也许你只想为自己写下来，又或者和你亲近的人分享也是个不错的主意。或许你想把它写在纸上，或者只是简单地在你的电脑上创建一个文档以便编辑。怎么做并不重要。重要的是要去做！

比较理想的方法是按照主次顺序列出你的目标。一些是长期目标，比如拥有自己的家庭。另一些则较为短期，比如增加你的收入。如你所见，这两个例子相互关联，并且这并不是巧合。你会经常发现，解决短期目标会帮助你完成更大的挑战。

使之能够达成

不要被一份详细的计划而套牢。草草记下一些短期目标并把它们贴在冰箱门上，要比什么也不写会好得多。重要的是制造一个开始！

记住，罗马不是一天建成的，你的未来也一样。不要犯一蹴而就的错误。以下是10种帮助你达成理想的小建议。

MY
SHORT
TEAM
GOALS

10 种达成理想的方法

1. **细分步骤** —— 你不可能一步就爬上一架梯子，自我提升也是同样的道理。将你想要做出的改变细分成小步骤，然后逐一实现它们。
2. **书写计划** —— 将你的计划付诸书面会加深你的记忆。
3. **拥有榜样** —— 向那些在你想要成功的事情上获得过成功的人学习。了解他们是如何成功的，并且认识到他们在获得名望与财富之前，也经过了长年的努力奋斗。
4. **掌握节奏** —— 你可以把目标定得很高，但要确保你有足够的时间去完成它。大多数人都因为想要跑得太快而放弃了整个旅程。你需要的是持久，而不是速度。
5. **面对现实** —— 你可能幻想着一次月球之旅，但是到科罗拉多大峡谷会更容易些。然后，你可能就会实际地拥有作为一名宇航员的技能、青春和活力。
6. **良师益友** —— 他们可以是家人、朋友或同事。找出那些乐意聆听并给予你鼓励和支持的人。
7. **记录里程** —— 给自己一些小的犒赏作为成功道路上的里程碑。褒扬和庆祝每一个有意义的成就是很重要的。
8. **回顾进程** —— 我们总是轻易地把注意力放在我们将要去的地方，但是请记住，我们已经走了多远是同样重要的。偶尔停下脚步，回顾一下迄今为止我们已经完成了什么。
9. **设立基准** —— 这是一个内涵广泛的词，但是使用起来会达到不错的效果。它的意义所在就是确认你是否朝着相同的方向前进，并且对比其他人，衡量你自己进步的程度。

10. **思想积极** —— 不断告诉自己，无论现在或将来，我都能做到。让疑虑在你的思想中生长会给自己带来太多的负担。

应付疑虑

每当开始新的尝试，你都会不可避免地觉察到疑虑的形成。其他人也许注意不到你的日常生活有何不同，但是你会感受到特别脆弱和无助。就如同你换了一个新发型之后上班的第一天，总会感觉所有人都在注视你。

在进行人生规划之旅的过程中，总有一些时候你会希望自己从未开始。疑虑总是阻碍任何冒险，尤其像这种个人的冒险。

为了帮助你克服疑虑，以下是一些实用的应对方法。

10 件当你开始疑虑时需要做的事

1. **回顾** —— 停下来，回头看看你从哪里来。你喜欢那个地方吗？重拾自信吧，疑惑总好过于退缩！
2. **询问朋友** —— 有哪些人的反馈是你认为坦率而诚恳的。当你心存疑虑时，向他们请教一下有多少疑虑是真实存在的，而又有多少是纯粹出于自己的想象。
3. **制作两张清单** —— 为你所做的事随手记下赞成和反对的理由。一栏会使你加深疑虑，而另一栏则是你想要得到的。这个练习可以帮助对比你所拥有的机遇和疑虑。
4. **迎难而上** —— 试想最糟糕的情况发生了。那么你将会投入更大的精力，义无反顾地进行下去。
5. **向榜样借鉴** —— 那些你崇拜的成功人士曾有过疑虑吗？他们当然有过。研究他们的故事，看看他们是如何克服疑虑的。
6. **疑虑的好处** —— 对疑虑心怀感激吧！它表示你已经放弃了安逸。你应当把疑虑作为成功的一种手段，而不是灾难降临前的警告。
7. **检验现实** —— 疑虑是我们对未来道路上不可控的未知事件的担心，它帮助我们在旅途中随时做出细微调整，以便持续跟踪进度。如果你感到疑惑，也许你就处在道路的岔路口上。
8. **全力以赴** —— 如果你处于有竞争的情况之下，你的对手也许也有疑虑。全力以赴地进行下去吧！让对方畏缩退却。

9. **分步进行** —— 疑虑可以当作野心过度的标志。过度不是就最终目标而言，而指的是你所制定的步骤的跨度。改变是需要时间的，所以在感觉困难的时候，应尝试放缓脚步。

10. **保留图片** —— 一些最成功的人士都有一张记录他们的愿景和长期梦想的图片。如果你也能拥有这样一张，也许仅仅作为屏保或放在家里的桌子上，它将会帮助你克服疑虑的诅咒。

我们都需要从某处开始

有一件事是你需要记住的：追逐机遇和成功的时候，我们基本上都是从同一个地方开始的。在各行各业里，许多如今家喻户晓的人物都是从一个愿景和计划开始起步的。他们和你并无不同，他们也有期许和担忧，他们的袜子上也会磨出洞，也需要周末到商场购买新的。

幸 福

我们大多数人衡量幸福的方式之一就是成功给予我们的幸福程度。比方说，如果你想学游泳，那么学会游泳就会使你快乐。你期望在小海湾里享受奔跑在白色的沙滩上，畅游于碧蓝的海水里，这会为你的假期增添欢乐。当假期来临时，你可以把这个梦想变成现实，毫无疑问你也将感到快乐。

幸福是可以转换的。事实上，我们对于生活中的任何新鲜事物都会迅速地习惯，几个月之后，就会把它当成理所当然。就拿游泳的例子来说，一旦你拥有假期，并且有规律地每周光顾游泳馆，以前当作梦想的事也变得索然无味。

为实现目标而进行的每一个小步骤都会使你快乐，但是别指望幸福会天长地久。这就是为什么许多小步骤比几个大步骤更容易使人愉快也更容易实现。

激发幸福感是建立成就感的一条重要途径。如果你心情舒畅，制造那些重要的小改变就成为可能。如果你心情不好、闷闷不乐，调动自己的积极性就变得更加困难。以下是10种可以帮助你制造快乐的方法。

10 件使大家都开心的事

1. **精神充沛地醒来** —— 饶有反讽意味的是，想要在早上醒来就感到快乐，你就需要确保足够的睡眠时间。因此请保证自己有充足的睡眠。
2. **寻找爱** —— 很少有人会享受长年独自待在荒岛上的时光，事实上大多数人会忙于想办法逃离荒岛。获得别人的喜爱会增加你的快乐感。
3. **保持健康** —— 人类的身体，尤其是大脑，在健康的情况下运作最有效。你无需加入什么健身俱乐部，仅仅按你自己最喜欢的方式进行活动和锻炼就可以。
4. **拥有目标** —— 设立最基本的目标都能够使你专注于完成它们。拥有众多的小目标，并且在每个目标完成的时候庆祝一下。
5. **构建小窝** —— 你可曾见过动物是如何筑巢的？在那里它们会感到安全、温暖和受到庇护。你的避风港也许是你的客厅、卧室，甚至厕所。寻找一些让你能够放松的地方。
6. **掌握节奏** —— 有时候我们总是担负得太多，以至于一时间忙得团团转。我并不是鼓吹懒惰，但你确实需要避免超负荷。
7. **款待自己** —— 如果没有人请客，你需要学会款待自己。每一次款待都作为奖励，用来犒赏有意义的成就。丰盛与否并不重要，所以从今天开始吧！

8. **赠送礼物** —— 为别人制造快乐是自己得到快乐的最好方式。做一个慷慨的朋友，生活将给你丰厚的回报。
9. **宽容** —— 有些人总是试图将他们的焦虑强加给你。除非你非常喜爱他们，否则仅仅需要付出同情，不要被他们的忧伤情绪影响。
10. **玩耍** —— 当我们不再是孩子的时候，我们就忘记了如何玩耍。玩耍，尤其是与你的生活伴侣一起，会让你忘记所有烦恼，开怀大笑。

幸福和成功是不同的，但是你会希望成功能带给你快乐。本章向你介绍了成功，并为如何选择和定义自己的成功提出了建议。同时，也鼓励你正视迄今为止影响你生活的因素。这些内容为你的个人发展提供了思路。

下面，本书将介绍一些实用的主次顺序，并解答如何为实现它们而合理安排时间。

我最想改变的事情（我真正想要得到什么东西或是拥有什么样的经历）

This is one of those situations where bigger does not mean better. It only means different.

更大并不意味着更好，它们仅仅意味着不同。

我最不想改变的事情（对我来说重要的事情）

Life is really simple, but we insist on making it complicated.

生活一直都很简单，但是我们也一直都忍不住要把它变得很复杂。

031 区分主次，合理安排时间

时间总是不够用。如果要等到你认为自己有时间才去改变人生，你永远也迈不出第一步。生活总是轻易地耗去我们太多的精力，阻碍我们去做太多的事情。然而，就像把一块巨石滚下山一样，最难的部分就是推出的第一把。一旦你迈出了第一步，前进的势头就会逐渐变得简单。

挤出时间的秘诀就是不要有太大的野心。你不需要空出一整天的时间来制定一个复杂的计划，将所有有益的活动都包含进去。相反，你需要制作一张迫在眉睫的事项清单。当这几分钟被充分利用之后，你就已经拥有了有效利用时间的方法。

寻找一个地方停驻与思考

如同需要时间一样，你也需要空间去思考。当一些事情占用了你的时间，但不会占用你全部注意力的时候，就可以为自己创造一个思考的空间。以下是10个可供你思考事情的地方。

10 个用来静心思考的好去处

1. **长椅** —— 微风拂面的下午，坐在沙滩长椅上，你的思绪会如潮水一般翻涌。
2. **火车** —— 买本杂志在火车上阅读，倒不如拿出笔记本和笔，利用这个旅行规划一下需要处理的事情的主次。
3. **会议** —— 如果你正作为听众听着一场无聊的演讲，那么就思考你自己的计划吧。起码比打瞌睡和烦躁要好得多。
4. **花园** —— 如果你有个花园，你就会知道它是个多么适合思考的好地方。如果你没有，为什么不去公园坐坐呢？
5. **屋顶** —— 站得高总会看得远。
6. **浴缸** —— 泡一个舒服的澡，抛开烦恼，既放松身体又引发思考。
7. **咖啡屋** —— 热闹的咖啡屋是思考的好地方。置身于各色为生计奔忙的人群中，会使你集中精力计划自己的未来。
8. **客厅** —— 熟悉的日常家务让你有机会去思考。你在忙碌家务，但是你手头的工作不会占用你全部的注意力。
9. **机场** —— 找个能够看到起飞降落提示牌的地方坐下来。看看人群，想象他们为什么出行，猜猜他们要到哪儿去。想想如果你也去那些地方，你会做些什么。想法和计划就会慢慢浮现了。
10. **古宅** —— 到那些对外开放的名人故居转转。看看过去的人们是如何显示自己的成功的。然后找一个安静的角落，制定自己的计划。

区分主次

所有事情都不能一下子改变，因此你需要设立主次。当你决定首先应做什么的时候，很多因素都会影响你。诚然，你可以只做那些你有时间做的事，但是因为你将要进行许多小步骤而非大飞跃，你就可以同时在生活的几个方面取得进展。以下列出的10件事可能会影响到你的进展。

10 件可能会影响你的进展的事

1. **年龄** —— 尽管大多数人都会把年龄看作是障碍，而事实上你几乎可以在任何年龄做任何事情。然而，你需要决定的是哪些是现在要做的，而哪些需要放到年纪更大时去做。每当你踏入一个新的10年，制定出你向往的生活。
2. **孩子** —— 如果你已为人父母，为了抚养孩子，你很容易就会拖延想要做的事情。如果你有这种感觉，请确保你不会拿它当作你拖延的借口。实际上，如果你的后代看到你对于人生所做出的积极改变，他们将会受到影响，并且会比以往更加敬重你。
3. **债务** —— 欠债是十分讨人厌的事情。重组债务，使其容易管理并且不需那么操心，是个很不错的开始。记住，债务可能是一个征兆，你不但需要处理你的债务，更要分析欠债的原因。
4. **工作** —— 你的老板模糊地许给你一个美好未来。你需要决定：（a）他或她所提供的是否是真实的，（b）决定什么是你真正想要的。不要将你的抱负都托付给老板！
5. **家庭** —— 你居住的地方是十分重要的。确保投入足够的时间和精力，去营造一个你可以真正感受到轻松和舒适的家。
6. **朋友** —— 来自同龄人的压力也十分重要。如果它鼓励你去往想去的地方，它就是积极的。如果你感到正在压力下追逐并不完全明确的目标，这种压力也许就太大了。

7. **旅行** —— 是否有些地方你想去，但是没有时间或经费？找出这些地方以及旅行的可行性。了解得越多，就越容易实现。旅行计划同旅行本身同样重要。
8. **学习** —— 如果你是大学生，或是成年学生，完成学业将会成为你心目中的头等大事。设立一些目标，用来帮助你顺利完成学业。
9. **关怀** —— 在我们的生活中也许会有某个亲戚需要我们一直照顾，虽然他们对我们来说很重要，但请记住务必要为自己的生活留出时间。
10. **本性** —— 最后也是最重要的，你必须倾听来自内心或本性的声音。如果有些事你认为是对的，但不确定是为什么，那就去做吧，因为很可能它就是对的。

实践要点

很多人发现有钱可以跨越障碍，去实现他们的梦想。如果你对生活的财务方面感到担忧，你可以着手制定一个简单的月度预算。从银行账单上总结出资金的去向，并计算出每月所需的生活费用。

对比你每月的总支出与总收入，可以看出金钱阻碍你的真实程度。这会帮助你理性地制定计划，并使你的财务状况更为合理。

你还需要找出哪些事情是你不想改变的。也许你真的喜爱你的工作或正在参与的活动。保护那些对你来说重要的事情，这与改变那些你不喜欢的事情同样重要。

跳出思考局限

我们总是根据我们能够看到的和预见将要发生的事情来作决定。此外，社会也鼓励我们要顺应潮流而不要找麻烦。麻烦的是我们总在猜想别人希望我们做什么，而限制了自己的潜力。要想真正改变人生，就需要拓展你的思维。

10 种拓展思维的好主意

1. **书写讣闻** —— 这听起来似乎很恐怖，但事实上很正常。制作一张记录你人生成功事件的时间表，而错过的那些正是你想要做到的。
2. **询问朋友** —— 让那些了解你的朋友做同样的练习。询问他们所认为错过的事情。他们的表单和你的一样吗？与他们讨论那些不同之处。
3. **阅读传记** —— 阅读一些你眼中成功人士的人生传记。有些人也许家喻户晓，但是，请深入了解那些不怎么出名，却在与你有关的领域获得成功的人。
4. **墙上涂鸦** —— 创造一面属于自己的涂鸦墙，每当走过的时候都填上一笔。在墙上挂上一面活动便签板是一种途径。
5. **闭上眼睛** —— 坐于熙攘的街道或咖啡馆，闭上眼睛。聆听你周围发生的事情，想象你所听到的人们是什么样的。然后睁开眼，你会大吃一惊。
6. **把明天当作今天** —— 描述你五年后的生活，但要使用现在时态。这会让未来的生活看起来更加真实。
7. **打破常规** —— 很多事情我们都是按照以前发生过的某事去处理的。经常坐办公室并非意味着你以后也是一样。
8. **克服偏见** —— 我父亲讨厌福特车，说造得不好。我花费了许多年去克服他这一偏见，并且购买了一辆。

9. **探索极限** —— 将自己置身于不舒服的境况。当你坐立不安时，考虑它的吸引力是什么，为什么你不喜欢。

10. **订立规则** —— 正如找出以上10个要点并不总是轻而易举，设定这10条的规矩让我更加努力地思考。受到规则的约束，意味着你将把注意力放在与自己“代办”清单之间的差距上。有时候你的最后一个想法会变成最重要的一个。

结束的地方也许与你开始的地方相距并不遥远。或者说，考虑到极限，你建立的目标或抱负相对于现在来说并不是个巨大的跨度。这也没什么不好，因为通过开阔视野和探索极限，你将会开发出更加坚韧的性格，以及更多长期的目标和远大的理想。

人多智广

研究人员早已证实了人多智广这句话的正确性。换句话说，当面临挑战时，小组往往比个人更容易制定出克服它的最佳计划。自我发展也是同样道理，与他人分享你的挑战并讨论每个选项，常会使你制定出更好的计划。

然而，我们讨论的是你的人生、志向和未来。无论你做出什么计划都应该是你自己的。家人和朋友能够扮演一个有价值的角色，帮助你开发能够达成目标的观念和途径。然而，在别人帮助你改进计划和你直接接受别人的看起来更好的计划之间，你的确需要明确区分。要避免自己实现的是他人的理想。

同样，你需要认识到你对自己的人生所做的改变，将会对你身边人的生活有什么样的影响。

为了帮助你，以下列出了可以提供给你帮助的人。也许是你的生活伴侣、父母或好朋友。

10 种联合他人的方法

1. **分享愿景** —— 如果有人将要和你分享新生活，在制定愿景的时候将他们考虑进去是十分公平的。一些夫妻在改变人生的过程中都会通力合作。如果你有伴侣，就同他合作。如果没有，就选择一些你尊敬或信赖的人。
2. **推销益处** —— 找出你的新生活对于关心你的人们来说意味着什么。他们会更加了解你吗？更愿意与你在一起吗？或者仅仅让你觉得压力减轻了？告诉他们新生活中关于他们的部分。
3. **让他们骄傲** —— 这主要是针对你的父母。不论怎么说，他们都希望你获得成功，并为你的抱负感到骄傲。
4. **向他们借一支铅笔** —— 当然，你可能会向他们借支铅笔来书写你的计划，但为什么不把写出来的东西与他们分享呢？有些人的解读会帮助你实现计划。
5. **倾听他们的忧虑** —— 家人和朋友通常比你想象的还要了解你。倾听他们的忧虑，考虑他们的观点。有时候他们或许是对的！要记住妥协有时比追求共识要好。
6. **夸大其词** —— 向别人陈述比你原先打算的更为激进的想法，看看他们对此有何反应，以及会向你推荐哪些更为温和的方式，你也许就不会像之前那样鲁莽了。
7. **分摊工作** —— 晚上同你的伴侣一起考虑一下如何平衡工作与照顾孩子，使你们各自均有承担。这有些过分，但是值得考虑。对于某些夫妇来说，确实很管用。

8. **把孩子考虑进去** —— 别忘了，如果你有孩子，他们很可能十分了解你。把你的计划和他们讨论，会得出很有用的反馈。当然，仅仅和他们分享他们可以理解并能给出观点的部分就可以了。

9. **听妈妈的话** —— 如果你的母亲还健在，确保她是你最后一个询问，并且第一个倾听的人。你也许需要将她20世纪的想法翻译成当前的现实，但是尽管如此，还是要听妈妈的话。

10. **告知他人** —— 确保你所进行的每一步的感受都能与他人讨论。只有你知道自己的感受，但是如果你的同伴想要给予你支持，他们就得理解你的想法。

挤出时间

一天中有24个小时。对于我们大多数人，有太多事情需要去解决，因此挤出时间来思考和计划是相当困难的。我们已经看过了一些边做事边计划未来的方法，例如熨衣服或乘火车的时候。也许你希望找出更多的时间，不只是做计划，而是实际地执行那些计划中的新鲜事。

如果你有工作，很可能就遇到过时间管理这一概念。有人把它做到了极限，以残忍的手段管理自己和自己的时间。对于我们来说，这儿有些小技巧可以让你做更多事。

10 种管理时间的简单方法

1. **定闹钟** —— 这是显而易见的，但是即使在一天的开始时获得额外的10分钟，也能避免“总是匆匆忙忙”的感觉。
2. **整洁** —— 不要浪费时间在找东西上。这不只适用于你的工作场所，还适用于你的私生活。变得整洁，但不要过分讲究。
3. **做你最擅长的** —— 你有些事情擅长，有些事情不擅长，这是很正常的。试着做你擅长的事，而把其他事都托付给别人。你会收获得更多，也会感觉更良好。
4. **休息** —— 停顿越多，完成就越多，这似乎有点自相矛盾。吸烟的人有一个优点，就是习惯迫使他们站在户外“清新”的空气中休息一会儿。
5. **不要立即回复** —— 如果E-mail主宰了你的生活，请不要打E-mail乒乓。换句话说，只在你需要的时候才进行回复，而不要仅仅为了赢得争论。
6. **深思熟虑** —— 当面临抉择或挑战时，闭上眼睛仔细思考一下。这会使你避免陷入第一反应的诱惑。
7. **优先** —— 时间管理者的法宝，就是总是先做最重要的事。记住，有时出于你的喜爱而把某些事情优先是非常可行的。
8. **避免分心** —— 你知道很多事情会偷走你的注意力。对所有事情说不，但只留下最有吸引力的一个。

9. **填充冰箱** —— 如果你喜爱烹饪，为什么不做两份并冷藏一份，为某天没有时间但又想吃得好而做准备呢？

10. **锻炼** —— 每天找出些时间进行锻炼，即使是午饭时间在公园里散散步，都会使你在工作时更有效率。

为你的一天增添框架，将工作和休闲都包含进去，让这一天变得更长。它也会帮助你在每个时间点上专注于手边的工作。

不要放弃

热情洋溢地开始而又马上失去兴趣真是太容易了。这是你投入额外精力的自然反应。显然，重要改变的发生是需要花费时间的；有时放弃是个诱人的选择。

减少放弃的方法是建立里程碑。正是这些小记号会帮助你看到实实在在的进步。以下是一些衡量成功的简单方法，会使你更轻松地实现目标。

10 种衡量成功的简单途径

1. **设立渐进的目标** —— 不要试图在没学会走之前就跑，但一定要为你计划进行的每一步生活改进设立目标。这样做，你就不会灰心。记住你所走过的每一座里程碑。
2. **竞争** —— 运动员们总是不断地提高“个人最佳”状态，并在比赛中完成这一过程。竞争会推动你做得更好，尽管它总是与你作对。
3. **询问朋友** —— 奇怪的是，人们总是很缓慢地意识到你的改变；他们忘记发生了什么，而接受了你现在的生活方式。问问他们是否注意到你流露出的改变。开始试试吧！
4. **收藏裤子** —— 如果减肥是你的目标之一，就一定要收藏几条比你现在尺寸略小的裤子，并不时试穿它们。
5. **查询账户** —— 类似的，如果你以财务状况来衡量成功，收支平衡是值得注意的。但是，要记住金钱本身并没有价值。重要的是你用它去做些什么。
6. **记录结果** —— 随着生活的改变，你会很快忘记先前的那些里程碑。记日记，或者拍些照片吧。
7. **买部车** —— 有时候，让别人看到你的成功是标记成就的一个重要方式。成功不仅仅是物质上的，但是有时的确应该对自己好一点。
8. **感受更多的爱** —— 留心一下，当你和另一个人在一起的时候会比自己一个人收获更多，你可以从身边的人身上感受到更多的情感。感受更多的爱会使你感到与人联系更紧密。试着关注一下别人的感受吧!

9. **早点回家** —— 早些回家，但要在工作不缩水的情况下。去了解孩子们，或者到更远的地方遛狗吧!

10. **新爱好** —— 拥有一种新的娱乐方式可以证明目前你的生活有更多的空间去容纳新事物。

现在你已经浏览了一些能够帮助你区分主次的小技巧。你还看到了如何让你的人生多出时间，来考虑想要改变的事情。最后，我们鼓励你标记出计划进行的步骤，以便你可以庆祝今后道路上获得的每一个成就。

其他人也将开始注意到你和你人生的变化。通过记录进步，你也将了解他们。

047

做出改变

没有什么是一成不变的。我们被变化包围，这既可以是激励，也可以是威胁，都依赖于你如何看待它。最好的改变是你主动做出的，而不是强加在你身上的。自我促进的人生改变可以是充满挑战，甚至是令人畏惧的，但它们也可以令人兴奋，因为它们使你更为接近目标。

做出些重大改变，这一愿望总是促使你探索这类话题。以下是一些人们都想改变的事情，以及如何去理解它们的一些建议。

10 件人们想要改变的大事

1. **体重** —— 有些人过度肥胖，想变得苗条；另一些人过度消瘦，想变得丰满。如果你对于自己的体重不满意，最好的办法是慢慢地减肥或增肥。
2. **工作** —— 也许你讨厌你的工作，或仅仅是讨厌它对你生活的其他方面所带来的影响。你想尝试改善现有的工作，还是开始寻找另一份工作？人们总是觉得换一份新工作更容易些。
3. **健康** —— 你是否觉得抽了太多的烟或喝了太多的酒，还是锻炼得不够？逐渐开始锻炼是获得好身体的第一步。
4. **家庭** —— 你是否生活在一个令人失望的邻里环境中？你是否想拥有一座花园？还是市中心的一幢阁楼？有时候，你可以为改善自己的家庭或邻里关系做很多事情。这比搬家要简单便宜得多。
5. **伴侣** —— 这一项比较困难。我们总会随着时间改变，所以有时候人们就分开了。困难在于何时努力维护，何时放逐这段感情走到尽头。寻求外界的帮助会使你更轻松地做出正确选择。
6. **收入** —— 收入和对公司的贡献之间，总是没有太大关联。你是否把自己卖了个好价钱呢？
7. **外表** —— 任何人看待自己都和别人的眼光有所不同。你也许正担心你的外表，甚至考虑去做整容手术。为什么不向朋友询问？也许你的担心是多余的。

8. **风格** —— 这是别人怎么理解你，而不是你会怎么感觉。你被认为是好心肠、自私鬼、大忙人、懒汉、热情洋溢还是冷酷无情的人呢？你想被别人怎样看待和描述？
9. **影响力** —— 对于许多人来说，生活中总有些时刻会让人产生想改变点什么的冲动。你可能是个另类的学生，对学校和教育有自己的看法；也可能是一位老者，想对社会痼疾发出自己的声音。什么是你最想改变的呢？为什么？
10. **人生** —— 有的人想要完全改变一切。这是相当困难的，除非你被证实犯有重大刑事案件而需要一个新的身份。找出你所希望改变的起点。

让改变更轻松

自我提高就像爬梯子。你会把注意力集中在顶点，但是，你要认识到每一个阶梯都需要你牢牢抓住。爬得太快就有滑下来的风险；爬得太慢就会疲惫，或者头晕颤抖。

事实上，这并不是一个笔直的梯子。你鲜少希望只改变人生的一个方面而将其他所有事置之不管。然而，如果你搭建好自己的梯子，就要确保每一阶都距离相等，并且相去不远。以下是一些容易实现的小改变，这将会是个不错的起点。

10 种易于达成的小改变

1. **染头发** —— 如果今天头发的颜色让你提不起精神，一个新颜色必然会吸引他人的注意，尤其如果你是个男人！
2. **刮胡子** —— 对男人来说很容易，显出胡子下面的本来面目将使你年轻好几岁，别人也会注意到你正在改变。
3. **成功的打扮** —— 不，这不是鼓励你放纵购物欲。恰恰相反，它更像是鼓励你考虑给自己的衣橱添加些新鲜自信的物品。
4. **洗车** —— 获得新形象的一个简单而有效的方法，就是把死苍蝇、路上的污垢、糖纸和快餐包装纸从你的车上清理出去。
5. **亲吻母亲** —— 向你爱的人展示你的爱是很简单的事情，并且总会为你赢得新朋友。对于你的表白，你的母亲会感到理所应当吗？
6. **不要吃糖** —— 这会让你在控制卡路里的赌局中迅速胜出，并且激起人们的好奇心，向你询问为什么停止吃糖。
7. **买花** —— 把鲜花放在家里或是在公司，又或是送给一个亲爱的朋友，一些对于鲜花的投资会收获一个不错的回报。
8. **错过公交车** —— 试着走路上班，而不要让这最后一公里在公交车上度过。你会惊异于感到受益的速度，并且在步行时你会留意到更多东西。

9. **整理桌子** —— 尽管一个杂乱的桌子可以意味着“我真的很忙”，但更有可能解释为你是个没有条理的人。如果你没有桌子，厨房墙上的插线板又是个什么样子呢？

10. **保存剪报** —— 当一篇报纸或杂志上的文章吸引了你的眼球，把它剪下来。如果它适用于你的朋友，送给他们，以表示你关心他们的需求就像关心自己的一样。这同样适用于网络链接和在线文章。

也许你会觉得我是在鼓励你吹嘘或炫耀做出改变的决心。这并不是真的。事实是如果其他人知道你试图改变人生中的一些事情，他们很可能会帮你一把。人们总是这样。

当然，你会获得些奇怪而粗俗的意见或者敏感的讽刺，但请相信我，这些往往都是出于忌妒。坚持走自己的路，你将会发现最爱挑剔你的人有时候会询问你的意见。

克服障碍

你的改变之旅不可能没有障碍。不论你做出多大的努力去控制，人生总会在你的道路上扔下绊脚石。人们总说“山穷水尽疑无路，柳暗花明又一村”，但是当你陷入麻烦时，不管多小的麻烦，你都很难看到积极的一面。

10 种推倒障碍的方法

1. **不言放弃** —— 有难度的事情总是不能轻易完成。你需要去预见障碍，并寻找绕过它们的路径。
2. **承认错误** —— 如果不幸是自找的，那么认清这个事实，寻找解决办法并继续前进。不要总是打击自己。我们都会犯错误。
3. **逆流而上** —— 不要简单地随波逐流。当别人放弃并被冲走的时候，继续逆流而上吧！记住，只有死鱼才会随波逐流。
4. **做好准备** —— 就像我们为房子和汽车投保一样，你也可以保护你的志向。经常制定一份“B计划”，以备不时之需。
5. **原谅并遗忘** —— 有些人常年心怀怨恨。不要永远背负那些伤疤。原谅并遗忘，让伤口愈合。
6. **绕道而行** —— 有时候障碍是不能轻易逾越的。当你的道路阻塞时，寻找另一条路径吧。如果旅程是值得的，那这条绕行的路就必然存在。
7. **从容不迫** —— 据说人可以在大约6个月的时间里适应所有重大变故和悲剧。如果你的人生中遭遇了某些非常可怕的事情而需要这样的6个月，就不要做太多仓促的决定而给自己一点儿时间。
8. **寻找积极的一面** —— 我们的经历就是我们的全部。即使是不好的经历，也会有价值，即使只是你不需要再学的难解的一堂课。

9. **尽早克服** —— 许多人在年轻的时候都会犯错误。但你至少有更多的机会去弥补。人生晚期所犯的错误，弥补起来会格外困难。

10. **关注周遭** —— 可能身边有人曾经遭遇过与你相同的障碍。你可以向周遭人询问或者上网浏览可行的解决办法。

不要成为受害者

我们都认识一些乐于成为受害者的人。他们喜欢抱怨自己的命运，并且看起来像是天生的不幸。更糟糕的是，他们似乎很喜欢不幸，这似乎成为他们存在的真正理由。

避免成为受害者尤为困难。但是，以下这些小技巧可以帮助你避免跌入此类陷阱。

10 种避免成为受害者的方法

1. **计划** —— 如果计划合理，你的“坏运气”就会减少，因为你已经看到可能会发生什么。
2. **你不可能全部胜出** —— 当你处于风险中，如果不能很好地按照计划进行，就准备接受它吧。只有从来不冒风险的人不会失败，但他们也永远不会成功！
3. **与人为善** —— 如果你善待别人，别人也会善待你。用怀疑的态度对待他人，会让人猜测你是不是什么地方出了错。
4. **动用一切可用力量** —— “事后诸葛”看起来很不错，但是在事发当时并没多大帮助。作决定时，你需要找出你所拥有的一切信息。回顾过去总要比预测未来容易得多。
5. **不要自责** —— 为没有效果的事自责，不会改变已经发生的事实。如果你做错了，就振作起来，吸取经验，继续前进。
6. **相信自己** —— 如果你对某事抱有信心，就会更容易进行。如果一开始就对自己持怀疑态度，你就更容易出错。
7. **保持沉默** —— 如果你不把做错的事告诉别人，绝大多数人永远都不会发现。记住，自己总会比别人更了解自己。不要把不必要的事和人分享。
8. **做你自己** —— 在你看来是失败的事，别人也许为之很着迷。将自己的风格看作是积极的特质，而不是障碍。
9. **你不是一个人** —— 请认识到每一个人都会时不时犯错

误。世界上最成功的人是那些经历过最大的损失而后复原的人。

10. **自我实现的预言** —— 如果你认为别人都反对你，他们就会这么做，就好像他们能读懂你的内心。事实上，你的肢体语言很可能已经反映出你的焦虑了。

有这样一种现象，心理健康的人反而会去做心理咨询。你的焦虑或敏感在于你“计划”某人或某事。例如，如果你认为夜店的保镖都和你作对，你将倾向于更小心地接近他们。反过来他们也许会认为这是一种可疑行为，于是把你隔离起来并搜查你。如果从另一方面，你不那样看待这些保镖，你将会更加自信地踏入大门，并且不太可能引起他们的注意。你的焦虑可能大多来自于以往的不幸经历。尽管如此，事实却只有你一个人明白。

循序渐进

一夜之间改变人生是不切实际的，不可能发生那种事情。成功源于平衡，它为你提高了用来通过曲折人生考验之路的技能，使你能够获得进步，而不是对你日常活动的损害。

以下的一些建议能够帮助你循序渐进，以及找到更多的时间思考与反省。

10 种找到更多时间思考与反省的方法

1. **遛狗** —— 以半个钟头的路程开始每一天，这会让你有时间思考，更重要的是，你可以利用这段时间计划将要到来的一天。
2. **同行** —— 与好朋友一同进行你的改变之旅，并且互相帮助。
3. **种树** —— 树木生长得十分缓慢，人其实也一样。在你的窗前种一棵树，看着它成长。确保你和小树都有足够的空间开发出全部的潜力。
4. **做饭** —— 挤出时间来从事简单有趣的活动是十分重要的，并不是所从事的每一件事都是考验。
5. **度假** —— 一年中至少做两次完全的放松。你并不需要去很远的地方，只要远到听不见电话铃为止就好。
6. **购物** —— 如果你太忙而没有时间买东西（也许有人帮你买或者去网上订餐），就请经常光顾超市吧。你会发现，在那些过道上你可以观察其他人是如何生活的。你还可以将你手推车中的货物与他人进行一番比较。
7. **去教堂** —— 不，我不是在让人们去信仰宗教；这是你的个人选择。但是，到宗教圣地旅游，能够有助于认识传统上我们是如何将一片混沌理解成我们的世界的。看看在那里，我们的世界是怎样被描绘的。
8. **买报纸** —— 每个市中心都会有人在卖报纸。买上一份，并和小贩聊聊。日后回忆起他或她的生活，可以和你自己的生活比较一番。

9. **造访童年生活的房子** —— 它与你记忆中的有何不同？通常，事物都会比我们记忆中的小，因为我们那时比较小。它和你现在居住的房子相比又有何不同？

10. **放胆去做** —— 考虑得太多而放缓了前进的脚步，你所需要做的就是推动事情的进展，因此有时候你只需放胆去做。

避开陷阱

为改变而改变可不是一个好主意。一方面你可能会落下一个前后矛盾的坏名声，而且不是所有的改变都是好的，而你会希望你的所有改变将引领你向着同一个方向。以下的10条建议是关于如何避免落入常见的陷阱。

10 个可能会遇到的陷阱

1. **目标太高** —— 如果你开始进行那些你无法完成的事情，那么你会让自己很失望。其他人可能会认为你反复无常。
2. **不知变通** —— 在夏天进行长距离的散步是很好的，但是你会在寒冷的冬夜以同样的热情把自己包裹得严严实实做同样的事情吗？做好打破常规适应新环境的准备。
3. **不深思熟虑** —— 与办公室里的抱怨狂做朋友看起来是件不错的事情，但是当他们在你耳边不断地抱怨，你还能一直保持脸上的微笑吗？
4. **激怒老板** —— 如果你的工作环境比较古板，当你把灰色的锁换成明黄色时可能会让老板不太高兴。在做出明显的改变之前，要时常权衡冒险和成功的几率。
5. **表现幼稚** —— 你是镇上最资深的摇滚歌手吗？你是出于热爱音乐还是仅仅享受它带来的名声？不要因为后者而表现得太幼稚。
6. **言过其实** —— 向他人承诺做明知道超出自己能力范围的事是很愚蠢的。这样会破坏你的声誉，人们会在其他所有方面都质疑你。只有当你自己有足够把握时再答应别人吧！
7. **输掉赌博** —— 不要没有考虑清楚所有后果就与别人打赌。保持清醒的头脑。
8. **扔掉有价值的东西** —— 我们很容易在屋子大清理的狂欢

中失去自制力。不要匆忙地将你的东西扔掉，而在过后的日子里一直后悔为什么当时没有留下那些有价值的东西。

9. **过于抠门** —— 不要在生活中过于节俭，也不要过分节省开支。偶尔剩下饭菜是可以的，即使剩下的是菲力牛排！

10. **懒惰拖拉** —— 最后，你所能做出的最具破坏性的重大改变是你根本就不改变。相反，你只是到处不停地探索那些你生命中终极问题的答案。

坚持到底

从上面所列举的内容可以看出，你的信用主要在于能够坚持。你必须付出你所承诺的，并且只承诺你能付出的。人们很容易就会被热情冲昏头脑，制定鲁莽的计划并公之于众。然后，当现实袭来，你就得悄悄从人们的视线中退出。抵抗住分享计划的诱惑，直到你已经考虑过所有的结果。

同样的，如果没有人知道你正在改变生活，持续跟进就会变得相当困难，这也是合情合理的。当有人知道时，他们会经常特意来帮助你。为确保坚持到底，你需要现实地制定计划，并保证其他人有机会在正确的道路上不时给予你推动。

良师益友

当有人乐于接受挑战，支持你度过个人转变的过程时，就可称其为良师益友。他们会帮助你坚持自己订立的目标。导师制成为培养天才和支撑个人成长的越来越普遍的方法。一些大企业家建立的公司引导方案，就是让经验丰富的老员工和新近招聘的新员工一起工作。这会让新人在害怕、担心、焦虑时有人可以信赖。作为更有经验的前辈，可以在适当的时候给出积极鼓励和切实建议。

然而，现实中很少有人拥有正式的良师益友。在构建人生计划时，你的机遇就是把握导师制的要领并把它用于许多已有的人际关系中。许多你认识和见过的人，都能帮助培养你的个人成长。你所需要做的就是创造这样的机会。

10 种从旁人身上吸取经验的方法

1. **向别人好好讨教** —— 一个经历过某些陷阱的人会指引你绕过它们。多多听取别人的建议。
2. **扩大你的朋友圈** —— 朋友的朋友或同事会经常乐于与你分享相关经验。你可以向朋友要求引荐。
3. **了解什么是正常的** —— 有时候，人们很难明白什么是正常的，以及什么不应当发生。看看别人是怎么应付的。
4. **赞美他人** —— 每个人都喜欢受到夸奖。如果人们更了解你所尝试的事，他们将更有可能去赞美你的成绩。
5. **敦促自己** —— 为什么不与朋友分享你的挑战，请他们在你灰心的时候推你一把？
6. **捉住“猫头鹰”** —— 谁在你选择的领域中最具智慧而受人尊敬？奉承他们，并邀请他们帮助你进步。
7. **留意时间** —— 与忙碌的人交谈。那些有闲工夫的人往往不怎么成功，但请确保你所要求的时间是他们实际能够给予的。
8. **尝试虚拟化** —— 同其他国家的人交朋友，并比较你们之间的想法有什么不同。E-mail是一个不错的方法，可以用来同素未谋面的人讨论热点话题。
9. **理由正当** —— 如果人们知道你的理由正当，往往就会乐于提供帮助。把你的理由告诉他人，还能帮你坚定自己的决心。

10. **不要放弃** —— 你可能会被所求助的人拒绝，但不要放弃。让他们推荐一些可能会帮你的人，并请他们为你引荐。

这一章引导你如何做出改变。不论改变的大小，都做出了解释，并介绍了现实地看待目标的方法，如何设定合理的进行速度，以及考虑寻找一名为你提供帮助的前辈。

当身边充满了改变时，我们就很难保证自己的生活规律。明智地确立自己要做的事情，你就可以看清自己的抱负。你还有机会汲取外界变化的所有优点，也许恰巧能够帮助你。

18岁时的我有哪些理想？你还有实现它们的热情吗？

There's never enough time. If you wait until you think you've got the time to change your life, you'll never get started.

时间总是不够用，如果要等到你认为自己有时间才去改变人生，你永远也迈不出第一步。

我的短期目标和长期目标

Taking many short steps can make journey longer; giant strides however can be very tiring and there is always the risk of tripping up.

短小的每一步构成了更长远的旅程，而大步流星会使你十分疲惫，并且总是伴随着跌倒的风险。

069

身心健康

毋庸置疑，如果你感到身心健康，你会收获更多。但是这并不意味着你需要一副运动员的体格和绝对完美的健康状况才能获得成功。身心健康是相对的，而成功并不依赖于它。但是它必然会有所帮助。为了达到目标，你会希望身体及其机能感觉舒适。同样，你也不会希望被自己的身体条件所阻碍。

你也许会选择改善健康状况来作为人生计划的一个主要目标。这种情况下，请记住，如同自我提升的任何其他方面一样，获得健康需要经历短小而安全的步骤。饮食或锻炼制度的巨大改变有时绝对会是个危险！

10 个保持健康的理由

1. **活得更久** —— 年轻的时候我们觉察不到死亡，但是每一年我们日常的生活方式都会影响我们的寿命。开始关注健康从来不会太早，也永远不会太晚！把健康提到重要的议程中来。
2. **运作得更好** —— 人的身体构造是恰到好处的。当所有的系统运转正常时，生活自然更令人兴奋。决定出身体的哪些部分是你想要改变的。
3. **跑得更快** —— 好吧，你没训练过马拉松，但是我们都希望有好的灵活性，而不是生锈的关节。
4. **睡得更香** —— 在醒着的时候多做运动，甚至仅仅是跑步上楼，而不是使用电梯，都将意味着晚上你的身体会感到疲乏，并且睡得更香。
5. **看起来更漂亮** —— 从体型到肤色再到头发的光泽，健康的人看起来更成功些。镜子中的你是什么样子呢？
6. **工作起来更聪明** —— 你会感到更便于控制或更加机警。聪明的员工干得更多，并且回家更早。至少理论上是这样的。
7. **感觉更有朝气** —— 如果精力充沛，你就不容易感到消沉。事实上，你和这个世界都会变得富有朝气。
8. **避免就医** —— 看医生十分乏味。你的身体越健康，你就越不需要药物的帮助。
9. **和谐的性生活** —— 这本书并不是一本性爱手册，但是如果你身心健康，可能会更加觉得读一本那样的书很值得。

10. **避免疾病** —— 健康的人对病菌和疾病更有抵抗力。一旦你被某种病打倒，其他的病菌也会接踵而至。

避免疾病

世界上有七十亿人口，我们可以很容易地理解疾病是如何以燎原之势传播的。在学校、工厂或办公室这些人群聚集的场所，避免传染性疾病是相当具有挑战性的。

避免疾病的简单方法包括鼓励你负责管理工作环境的同事保持室内空气新鲜。打开窗户会拥有截然不同的效果。将暖气关小也是一个好办法，会使你感觉舒适而不会闷热难当，而且这对于保护环境也有好处。

最后，如果你是模范员工，在承受着最严重的感冒折磨时还忘我工作，请记住你很可能会得不偿失。蜷在家中的床上你会感觉更好，而你的同事也会免遭细菌的侵扰。

检查身体

对健康毫不关心和疑神疑鬼之间有一个很好的平衡点。人类的身体具有不可思议的复原能力，才能在极其恶劣的环境下生存下来。想必你已经见识了人类是怎样在倒塌的大楼中、或可怕的创伤下生还的。除非你的生命真的处于边缘状态，否则你的身体将会按照你的需要良好地为你服务。

我们需要了解，有一些简单的事情一旦被改变，可能就意味着需要让医生全面为你检查身体了。

10种简单的健康自我测试

1. **称体重** —— 每月定期称量体重（无需每天）将使你在衣服变得太紧或太松前看出身体的变化。
2. **照镜子** —— 如果你的眼睛发红、眼袋松弛，你可能需要更多的睡眠。所幸睡觉比整容手术便宜得多，而且对你的身体也更好。
3. **检查肿块** —— 我们都知道那些恼人的肿块会在某处出现。定期检查自己，不要羞于向医生反应你所发现的担忧。
4. **检验小便** —— 如果你的小便比麦秆颜色还深，就意味着你没有喝足够的水。
5. **阅读小印刷字体** —— 任何小的印刷字体都可以。如果读起来困难，你也许需要一副眼镜。定期的视力检查是很有好处的。
6. **测量脉搏** —— 放松地坐在沙发上，花30秒测量脉搏跳动的数量，然后乘以二。脉搏跳动越接近70次越好。
7. **吹气球** —— 不要等到聚会的时候才吹气球。向你的朋友挑战，看看谁有最大的肺活量。如果这比你想象中的困难，问问自己为什么。
8. **闻闻自己的呼吸** —— 如果口腔里的气味闻起来不太令人满意，你的牙齿或牙龈很可能出了问题。考虑看看牙医吧。
9. **污秽甚至更糟** —— 原谅我提醒你性传播疾病正处于上升

状态。不论年轻还是年老、谨慎还是鲁莽，都要意识到这些风险，并且在你感到忧虑时立即就医。

10. **重复一遍** —— 人们说话的声音太小了吗？检查一下你的听力吧。

心理健康

心理问题不太明显，但更为普遍。由于这些问题都是日积月累的结果，人们往往很难发现。心理疾病是一种个性或情感的扩大化。临床医生目前很难对这个问题给出一个明确的诊断。他们了解到心理疾病是由各种原因组合起来造成的。

如果你担心你的医生没有好好给你看病，请记住以下这一简单事实。就医的病人中有三分之一都是出于对心理健康的担忧。换句话说，如果你希望医生对你的心理健康给出建议，他们也许根本找不出来有任何异常。

保持健康

你不必一个人为保持健康而努力。有很多人能够且乐意，甚至有时自掏腰包来帮助你。以下这些建议能帮助你从他们身上获得最大收益。

10 种帮助你保持健康的人

1. **医生** —— 如果你感觉很不舒服，那么你就需要看医生了。如果你太忙而不愿在当地的医疗中心排队，或者是考虑到个人隐私而感觉尴尬，有很多私人医师能为你提供快捷、方便、实惠的服务。
2. **备用医师** —— 医生是我们首先想到的人，但是针灸师、草药师之类的呢？不要只选择最显而易见的答案，多多尝试！
3. **牙医** —— 比治疗牙病更让人害怕的是牙痛。长时间的定期检查可以避免牙痛。如果你希望提升自信，让你的牙齿保持整洁而有光泽可以瞬间提升个人形象。
4. **理疗师** —— 人们往往处于过度谨慎中，建议你把生活放轻松，让那些恼人的肌肉疼痛消失是十分值得的。理疗师恰恰是这方面的专家，能帮你保持身体的正常运转。
5. **眼科医生** —— 视力测试一点也不会痛，还能确保及时发现问题。请记住，即使你的视力很好，仍然有其他的东西需要检查。如果你在工作时使用电脑，你的老板就应该为你提供定期视力检测。
6. **顾问** —— 与专业人士探讨重要个人事件能瞬间减轻你的负担。你会惊讶于几次咨询能帮助你涉及如此之多的领域。
7. **私人教练** —— 这并不是富豪和名人的专属。每周与教练碰面花费很少，但对于体型和自信的改变是巨大的，不论你从何开始。

8. **小吃店老板** —— “寻点欢乐于君有益”，这一维多利亚音乐大厅里的句子饱含真理。计划到喜欢的小吃店去，同看医生一样重要。
9. **形象顾问** —— 一个新形象能达到意想不到的效果。人们会用不同的眼光看你，而你也会觉得更加自信。
10. **你** —— 来自内心的声音是你最大的支持者。倾听来自本能的声音，并听从它们的警告。

你不能把自己的健康全权托付他人。你可以咨询许多专家，但是当一天结束的时候，你本人才是住在你体内唯一的人。你每时每刻与自己在一起，因此你最有资格了解自己的真实需求是什么。

自信

自我感觉良好比简单的健康更为重要。即使在你身体状态最好的时候，你也可能缺乏自信。一部分是因为我们看待自己的眼光总与别人不同。我们会想象别人无论如何都比我们表现得好，或者比我们更有能力。这侵蚀了我们的自信，而且会对我们改善生活的努力造成破坏。

树立自信可以让你人生计划的其他方面变得更容易实现。如果你致力于树立自信，你还将提高自己的恢复能力，并更能承受生活的压力。以下这些建议可以为你提供些帮助。

10 种增加自信的方法

1. **评估害羞** —— 深层意义上讲，每个人都会害羞。只是有些人更容易受到它的影响。认识到这一点会帮你树立自信。
2. **走上舞台** —— 许多顶级的表演家都是藏在一张勇敢脸孔后面的害羞的人。表演或加入合唱团是个好方法，可以让你融入一个更自信的不同角色。
3. **适度谦虚** —— 不要把你的成就掩藏起来。把它们自豪地展示出来，并且承认迄今为止你生命中的成就。
4. **勇于负责** —— 不可思议的是当有事情发生时，每个人都等着别人主持大局。你向前走一步，其他人将退后一步。如果你自信地承担起来，别人就会把你当作一个自信的人。
5. **重新开始** —— 如果在你要去的某个地方会被看成受气包，那就尽量不要去。这可能意味着需要更换工作或转移到一个新的朋友圈子。
6. **不露声色** —— 如果在一段谈话的开始你就向其他人表明你很紧张，他们自然这样认为。其实如果你不告诉他们，他们根本不会知道你在紧张。
7. **挑战自己** —— 敢于从事一些比平时所做的更为大胆的事。把大胆作为一种习惯，这样你的胆量会越来越大。
8. **接受奇特** —— 你不会是永远的赢家。一种成功的艺术就是持续尝试。不要蜗居在失败中，它们只会拖你的后腿。

9. **短小对话** —— 开始交谈往往比保持交谈更为困难。准备一些问题，用来引起对话并让他人加入进来。
10. **保持微笑** —— 照照镜子。如果你很焦虑，就不会微笑。练习微笑吧，因为如果你看起来很开心，人们就会更积极地回应你，而且会使你自信满满。

饮 食

人们总是鼓励我们吃得健康，书店里也随处可见饮食书籍。事实上，如果你吃得很好，感觉也会良好。平衡饮食是很重要的。然而，我们无时无刻都喜欢吃的垃圾食品也是平衡的一部分。

肥胖总是媒体上永恒强调的大问题，而宣传不到位却又十分重要的健康问题也可能是体重不足引起的。你的体重只是影响你状态的众多方面中的一个因素。所以不要特别为之心神不宁。

10 件改善饮食的简单小事

1. **多喝水** —— 我们身体的70%都是水分，所以你需要多喝水，尤其是当天气温暖或感觉到热的时候。养成随身携带瓶子的好习惯，你将发现自己喝得更多。
2. **留心脂肪** —— 一个完全没有脂肪的食谱不是健康的食谱，所以拒绝脂肪是不对的。但是，有些形式的脂肪比其他形式对你更有好处。一定要留心你吃的是什么。
3. **只吃一块** —— 减少高纯度糖的摄入能够帮助你控制体重。慢慢减少用量，你并不会注意到有什么不同。
4. **小心酒精** —— 如果你酗酒，请记住酒精带有卡路里，不会帮助你减肥。过度饮酒也会对你的健康造成危害。在喝酒之前好好想一想。
5. **不要省略早餐** —— 一顿丰盛的早餐几乎可以支持你一天。省略早餐会导致乱吃零食。
6. **不要偏食** —— 如果你只吃眼前的食物，或者选择不吃某些食物，请确保你能从你的饮食中摄取你所需的所有营养。
7. **多吃纤维** —— 许多加工食品都缺乏纤维。如果时间迫使你食用速食，试着多吃些高纤维零食吧。
8. **少量且经常** —— 饥饿的时候就吃，而不只是因为午饭时间到了。比起一日三餐，许多人更偏爱多吃几个小餐。这种方法适用于你的生活模式吗?

9. **天然食品** —— 水果、天然蔬菜和坚果是很好的零食。它们比饼干更能满足你的胃口，也更加便宜。

10. **忘掉流行** —— 每隔几个月一种新的饮食就会流行起来。要依赖常识和你自己的本能需求。

形 体

人们总是对自己的形体感到失望。我们可以尝试很多运动，造访各种健身房，加入各种俱乐部。事实上，无论使用什么方法，改善形象的最佳途径是一步一个脚印。

10 种改善形体的快捷方法

1. **爬楼梯** —— 从提前两层出电梯开始，用步梯爬完剩下的楼层。几周内保持一次跃上两级台阶。楼梯可以很好地塑造你的大腿和臀部。
2. **步行上班** —— 你会惊讶于这并不需花费多少额外时间，尤其是生活在城市里。两公里会花费你30－40分钟。也许比乘公交车还快！
3. **利用午餐时间** —— 在一个小时内，你有空去游泳、慢跑或在公园里散步。运动之后吃下你的午餐，精力充沛地开始下午的工作。
4. **仰卧起坐** —— 当电视插播广告时，看看你能做多少仰卧起坐。你可以在看节目时休息，然后在广告时继续锻炼。
5. **开怀大笑** —— 笑对你的肺很有好处。不要只是安静地嗤笑，释放自己的笑能真正对肺产生效果。笑有很多好处，也能使你感到快乐。
6. **开辟花园** —— 也许你的祖父母还健壮地工作在他们的农田里。种植自己的食物是很好的锻炼，而且吃自己生产的食物是相当有趣的事情。在你的阳台上开辟一块种植花草蔬菜吧。
7. **打扫卫生** —— 做家务时消耗大量肘部脂肪可以提升脉搏跳动频率并使全身得到锻炼。认识到清洁工作的锻炼价值，你将会开始享受家务劳动。

8. **跳跃运动** —— 还记得学校里做的跳跃运动吗？它们对你的健康出奇有益。看看100个跳跃能做多快。明天，让它们再快点。

9. **打败同伴** —— 不，我不是在提倡暴力。竞争和友谊对抗会让双方都获得更健康的体型。不论谁跑得更快或更加有力量，如果你们都获得了健康，你们就都是赢家。

10. **现在开始** —— 别想着以后再做这些。把书放下来，做做练习吧。

你的身体是很重要的。它容纳你、承载你，使你能够做任何事情。当你被疾病所伤，或由于生活方式的改变而演化成伤害时，它还有显著的恢复能力。这意味着，不论你的身体现在怎样，如果你想在健康、体型或饮食方面有所改善，都是可能的。但要记住，循序渐进不论对于改善健康还是树立自信都同样有好处！

003 压力

追寻改进的动力也许来源于你目前生活方式的压力。压力和改变几乎是永远的同伴，这是无法逃避的事实。目前，压力是休假的最大理由之一。对于雇员来说，压力的代价是巨大的，而且会对你的生活造成危害。

改变人生会使你更多地暴露在压力之下，因此花些时间了解如何控制压力是十分重要的。找出制定人生计划的时间和重点会给你带来额外的压力。按照计划做出改变也将不可避免地带来一些压力。一切改变都是充满压力的，即使是你自己控制的改变。

对压力多一些了解，如何看出压力的迹象，以及更重要的，如何减轻压力的程度，这些应该成为你人生计划之旅不可或缺的一部分。

什么是压力

当我们的祖先心跳加速或感官更敏锐时，他们能更有力地对抗或逃跑，问题是在现代社会中，比起来自野生动物地攻击，人类更容易受到焦虑的袭击。

在情绪上，当压力即将来临时，紧张会排山倒海而来。它可以拓宽我们的前途。然而，负面的影响可能包括猜忌、愤怒、沮丧和很大程度上的绝望。压力是衡量我们精神状况的一个标尺，我们需要认识并控制它。

10 种利用压力发挥特长的方式

1. **赢得比赛** —— 当你处于竞争中并想要获胜时，压力会促进肾上腺素的释放，从而提升你的表现。但这只对那些重要的比赛奏效，那些你必须赢的比赛。
2. **最后期限** —— 经过你认定的最后期限将会在时间迫近时产生积极的压力，促使你行动起来。在最后期限之下，你总会把工作做得更好。试试为自己设定一个吧！
3. **爱** —— 我们需要强大的人际关系，有时爱自然而然就会带来压力。把你的压力运用到克服前进道路的障碍上来。
4. **战斗／逃避** —— 若没有对于危险的内在生化反应，我们就不会充分认识和逃开真正的危险。一旦受到威胁，你无需使用压力，因为你会自然而然地会产生反应。
5. **交通堵塞** —— 当然，你可以接受如此耽误时间并听些音乐。利用这个时间放松一下，做些积极的事情，从本应该充满压力的经历中取得收获。
6. **工作过度** —— 如果是你的工作量给你压力并且你已经认识到这个事实，你可以对此采取些行动。工作量会在不知不觉中增加，但是增加到临界水平时，压力就会出现。把压力作为一种警示，提醒自己做得太多了。
7. **成为英雄** —— 在路上散步的时候，一个小孩突然跑到马路中间。你的压力反应会带给你力量，让你在汽车驶来前抓住孩子。

8. **好的压力带来健康** —— 研究表明，人体会从一些压力中获益。换句话说，你可能由于太安逸反而得不到好处。学习如何控制积极的压力吧。

9. **记得更多** —— 有压力的事件更容易记忆。情景不知不觉就潜入了你的记忆。这种压力反应的一个好处就是你能更快地从错误中总结教训。

10. **回顾目标** —— 如果你持续前进而仍没有成功，把压力作为一个契机，停下来重新思考吧。不要让压力把你压倒，把它作为一种回顾的信号，而不是对你成功的威胁。

我们为什么会有压力

情况本身并不会带来压力，它们仅仅是发生而已。压力来自于我们看待他们的方式。遭遇堵车的两个上班族都认为自己会迟到30分钟。对于其中一个来说，这会导致他极度的沮丧和充满压力，而另一个人决定既然自己不能改变堵车的状况，索性放点轻松的CD，享受计划之外的音乐演奏。

当我们觉得无力改变影响我们生活的事情时，压力就产生了。坏天气之于农民，官僚机构之于企业所有人，都是压力。即使在家里我们也会被各种问题所困扰。

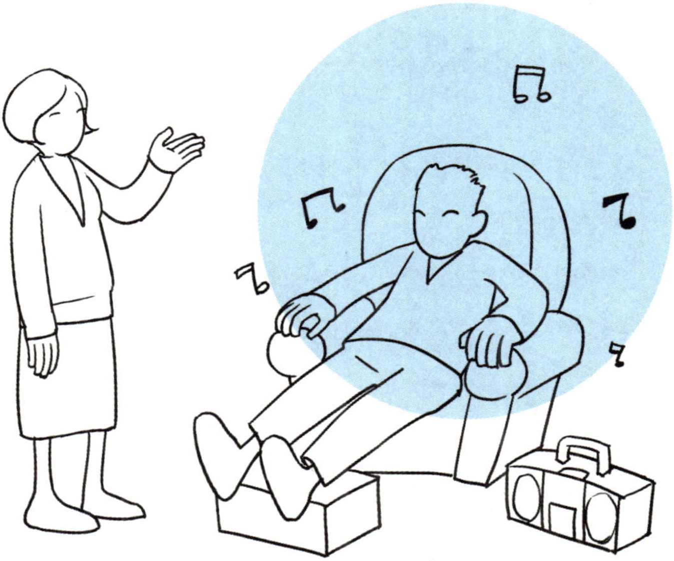

10 种最大程度降低压力风险的方法

1. **挤出时间** —— 不要为任何理由牺牲自己。确保每周挤出时间（或甚至每天）简单地做你自己，做些自己喜欢的事情。
2. **评估分歧** —— 每个人都是不一样的。价值和观点取决于文化和经验。别人不同意你的想法也不要沮丧，试着理解他们的观点。
3. **欣赏自己的长处** —— 不要小看那些让你与众不同的事，为你的力量庆祝吧！
4. **接受自己的短处** —— 事实上，我们甚至不应称其为短处，把精力集中在自己的长处上吧！
5. **处理人际关系** —— 研究表明，我们的人际关系会帮助我们保持理智。好好处理你周围的人际关系吧。
6. **广交朋友** —— 我们的祖先过着群居生活，因此在我们的天性里就应当成为群体的一部分。这就是为什么孤独会让人如此绝望。请认识到好朋友的价值。
7. **言归于好** —— 不要让分歧扩大并把自己压垮。常常去寻找友好的解决办法并继续前进吧。
8. **驱除忌妒** —— 我们身边总有些人看起来比我们做得更好。但是，忌妒并不能提高自己，所以驱除这种消极想法吧。关注那些你所得到的。
9. **健康的身体=健康的心理** —— 如果你的身体健康，就能更好地抵抗所有疾病，包括压力。

10. **未来从这里开始** —— 你不能把时钟调回过去。住在过去的选择和片段里只会让你情绪低落。接受过去，面对未来吧！

认识压力

人们对压力做出反应的方式不尽相同。因此很难看出一个人何时正在承受过度的压力。但是有许多征兆，尤其是那些你身边的征兆，会暗示你压力已经成为一个问题了。

10 种压力的征兆以及解决办法

1. **失眠** —— 当有问题困扰你时，睡眠就变得十分困难。压力严重的一个典型现象就是头脑充满忧虑而过早醒来。在上床睡觉前把问题先抛开吧。
2. **头痛** —— 这是最糟糕的情况，但不管怎样它总会发生。你会头脑疼痛，感觉不佳，而且又觉得有战斗下去的必要。止疼片可以帮助你，但也许你只是无须想太多。
3. **手心出汗** —— 就好像你总是在预期一些糟糕的事情，像在公众演讲之前，要知道这种现象是很正常的。如果你理解了这点，就不会过于担忧。在其他情况下，也把它当作是压力的一种征兆，并找出产生的原因。
4. **消化不良** —— 看起来似乎十分令人惊讶，消化系统是你压力等级的一个晴雨表，从腹痛到腹泻或肠胃胀气。你的消化系统能迅速反映出它们的焦虑情况。处于压力中时，你总会吃得很快。试着放慢速度，为一日三餐留出时间。
5. **阳痿** —— 这主要是男人的事，但同样值得注意。你大脑中的紧张情绪会对腰部以下产生负面影响。对其担忧又会加重这一问题，但是你的医生也许能帮上些忙。
6. **皮痒湿疹** —— 皮肤上的小脓包，甚至仅仅是随时泛红这一恼人倾向，往往都是由压力造成的。如果这影响到你，试着穿些宽松的衣服，这会让你感到放松。
7. **胸口疼痛** —— 总是慌慌张张跑到医院才使你认识到，你并不是患有心脏病，而是需要为降低你的压力等级做点什么。在这种情况下，你的身体已经进行了控制，并代替你来呼救。

8. **脾气暴躁** —— 情绪紧张的人们非常难以相处。任何事在他们看来都不对头，并且很快就会满腹牢骚。留意与你作对的人，是你施加的压力让他们对你发脾气吗？

9. **肩背疼痛** —— 当你感到压力，你会倾向于更加让自己紧绷，拉紧肌肉而并不自知。按摩可以起到一定的作用，但是像所有的治疗一样，它只能治标，不能治本。

10. **像孩子一样睡觉** —— 如同压力使你无法入睡，它也同样能让你一直感觉疲劳。睡眠是身体休息的方法，如果你需要很多的睡眠，你就需要认识到这个现象带给你的警示是什么。

缓解压力

控制压力的艺术在于控制自己。不要给自己施加承受不起的过多承诺是相当重要的。当你正思考如何缓解压力时，可能会觉得困难，以下是一些可以减压的明显或不甚明显的方法。

10 种减压的简单方法

1. **实事求是** —— 如果你计划得太多，结果就只有压力而已。更糟的是，由于你总是想着那些要去做的事情，而忘记了为自己已经达成的目标庆祝。
2. **委托他人** —— 把自己担心的任务委托给其他人，而你自己将会更加轻松。
3. **拥有信仰** —— 当危机到来的时候，有信仰的人总是可以从中获得安慰。你的信仰是什么呢？
4. **适时休息** —— 你实际工作的时间越少，有时候反而完成得越多。确保你拥有适时的假期。
5. **有创造性** —— 几乎任何事情都可以绕道而行。你只需要将思维解放出来，任其自由驰骋。不论什么事情带给你压力，都要看看你是否能找出绕道而行的方法。
6. **种植花草** —— 管理花园是个不错的疗法。种子变为植物，然后按照它们的时间开出花朵。你所要做的仅仅是不要除掉它们。
7. **购买玩具** —— 你不需要像小孩子一样玩耍。成人玩具包括跑车和船，但是你也不必花费几百万去购买这些玩具。你有多少年没有放过风筝了？
8. **保持健康** —— 尽管之前说过，但有必要旧事重提。如果你拥有健康且感觉良好，你将能更好地应付压力。
9. **与人分享** —— 这并不意味着把自己的焦虑施加给周围的

人！而是把你感觉有压力的事告诉你所信赖的人，以获得他们的帮助。

10. **听听音乐** —— 音乐总是拥有安抚情绪的力量，确保你的生活为音乐腾出空间。如果你会演奏或歌唱就更好了。音乐会为你营造一个逃开现实、安心休息的世界。

减轻压力也有一些不良方法。事实上，它们只是麻痹了疼痛，而并不能解决任何问题。当它们的效力消失时，你总会觉得比以前更糟糕。处于压力中的人们总是更依赖于酒精和烟草。

睡眠与压力

你知道吗？剥夺睡眠被日内瓦公约认定为一种刑罚。当你与心理医生交谈时，他们会告诉你睡眠是迅速恢复的唯一最佳办法。极度疲劳总是陷入绝望的最重要因素。充足的睡眠被认为是治疗压力最为行之有效的办法。

我们都需要睡眠，但是如果压力使我们不能入睡，以下这些建议能够帮助你。

10 种保证充足睡眠的方法

1. **百灵鸟与猫头鹰** —— 早起的鸟儿在午夜就开始梳理尾羽，而猫头鹰此时还在树间摇摆。如果和你同床的人与你睡眠习惯不同，请接受这个差异，在不同的时间上床睡觉吧。
2. **喝牛奶** —— 牛奶含有一种动物酸性物质，能够稳定情绪。这就是为什么我们的爷爷奶奶总是在晚上休息之前喝一杯热牛奶。在这件事上，奶奶确实知道怎样做是最好的。
3. **不要在晚上过度运动** —— 除了那些卧室运动，晚间在健身房锻炼得心跳加速会让你更难入睡。
4. **调暗灯光** —— 在有光的条件下，我们总会不时醒来。在晚上使用一些“气氛照明”，并且把电视关掉。
5. **省略咖啡** —— 晚餐后的三杯双倍浓咖啡会让你在短时间内情绪高昂。试着省掉它们。
6. **泡热水澡** —— 在香喷喷的热水中长长地泡个澡，也许再放些轻柔的音乐，如果你在上床之前还保持清醒的话算你幸运。
7. **清除障碍** —— 如果你心里装着事，在睡前回顾它们，并为明天安排好先后次序。你就不会再担忧了。
8. **床单整洁** —— 没有比一床新鲜干净的棉布床单更好的东西了。

9. **关上门** —— 安静的时候比较容易入睡。如果你的洗衣机夜间还在运转，你会希望它的旋转摇摆别把你吵醒。

10. **打开窗** —— 你的身体在棉被下会保持温暖，而你还能呼吸到清凉的干净空气。如果你担心安全问题，一个可锁住的窗钩能解除你的后顾之忧。

在什么地方睡觉也十分重要。你会注意到当你旅行时，尤其是独自旅行，在陌生的床上入睡是很困难的。这是因为我们本能地喜欢睡在同一个地方，我们潜意识里认为那儿很安全。

如果你有固定的就寝时间，离家在外时也请遵循它。此外，从家里带些东西也能够帮助你睡眠。30岁还抱着泰迪熊入睡是没有任何错误的，而在你离开家时偷偷把它装进行李箱更不会有错！

压力让我们无法入睡，压力也能警告你做得太多。压力可以激发你瞬间的潜能、力量以及清醒的头脑，去应付困难和危险。控制自己的压力，不论它伪装成何种形式。这能够使你的生活更加轻松，并且得以持续跟进计划。要知道我们都需要些压力，而认识到压力何时开始由帮助变为伤害，是需要技巧的。

我未来5年后的生活

It would be better to light up a candle than curse the darkness. No one can give you brightness expect yourself.

与其诅咒黑暗，不如燃起蜡烛。没有人能给你光明，除了你自己。

我的良师益友（把你最新收获的良师益友加进这张清单吧！）

A true friend is someone who accepts your past, supports your present and encourages your future.

真正的朋友会接受你的过去，力挺你的现在，鼓舞你的将来。

你工作的世界

我们大多数人都需要靠工作来养活自己。不论你计划做出什么改变，你的人生计划都不可避免地要包含如何生存。很少有人能够拥有与生俱来的奢侈生活。正因为我们对工作如此依赖，我们容易对它们又爱又恨。正如年幼时父母教导我们的那样，我们的老板向我们提供薪水以满足我们大部分的生活需求。这会使人们很难有对生活的掌控感。

当你孤立地读完了这本书中关于你人生每个方面的内容，你将注意到它们是如何衔接的。你需要一个健康的身体来工作，并且你需要工作来赚钱。人生计划的其他方面将帮你决定如何使用金钱。

然而，工作是你醒着的生活中的一个重要部分，因此深入研究它是十分重要的。让我们从那些烦心事说起，如果置之不理，它们的确会让你不胜其烦。

10 件工作中常见的烦心事以及解决办法

1. **不满足于现状** —— 这也许是促使你购买此书的原因。你曾为晋升或更好的工作而努力过吗？
2. **老板对我不够重视** —— 这样很难自我提升，所以为什么不看看你是否能够通过影响其他人而获得支持呢。如果其他人替你转运了你想对老板说的话，老板将会更加关注你。
3. **餐厅太糟而我们离市区又太远** —— 只有你一个人不喜欢吃派和薯条吗？联合更多的支持者，游说他们吃些更好的。
4. **我的老板从不激励我** —— 也许你的老板需要你的支持来完成必要的工作。鼓励他或她委派更多工作给你吧。这会让你的工作更加有趣，也使你更有能力获得晋升。
5. **改变** —— 组织结构调整有时会把你从你最感兴趣的领域调离，或者也许经过许多年，你自己的兴趣发生了改变。找出那些让工作变得索然无味的改变。之后也许你就能为此做点什么。
6. **我讨厌开放式布局** —— 这点很难改变，但是有时可以通过挪动你的桌子或者设置一些遮蔽物来保护你正在失去的隐私。
7. **我不被同事看好** —— 找一些信得过的人分享你所关注的事情。可以是你正在从事的，或仅仅是你构想的。让他们帮助你恢复信心或者解决问题。

8. **争权夺利太糟糕** —— 问问自己为什么公司中有如此严重的政治斗争。紧张的局面是什么样的？你能帮助缓和这些紧张局面吗？

9. **我们都在劫难逃** —— 大多数公司都有一些“厄运制造者”。我们最好无视他们，挑战他们会让你筋疲力尽。

10. **没有和平与安宁** —— 如果你总是不断被人打扰，为什么不开发出一个暗示方法，让别人知道你需要和平与安宁。甚至一只倒立在电脑屏幕顶端的塑料杯也可以做到，只要你已经解释过它的含义。聪明地利用它，并务必告诉人们你这么做的原因。

我们与他们

我们总是很容易就陷入自己是受害者的心理模式，并把一切都归咎于老板。你的老板或他们的老板，都需要达到目标、跟进预算以及保持员工动力十足、快乐并富于创造性。每个人都需要承担一部分工作上的责任，即使换作是你也一样！

尽管有时工作中会出现不健康的情况，而且这可能需要你扮演一个告密者的角色。这些情况包括恃强凌弱、偷窥以及对生命的危及。采取务实的态度看待公司制度，不要为本来只是无足轻重的小事而引发战争，这是非常明智的。同样，我们也对周遭的安全和运行状况负有责任，所以对于重要风险睁一只眼闭一只眼是很不明智的。

管理老板

老板被放在了一个比你更为权威的位置上，但是他同样不可能单靠自己的力量成功。以下是10种简单的方法，以确保老板给你最好的待遇。

10 种对付老板的积极方式

1. **认可目标并记录下来** —— 不要相信人们记忆中所认可的事情。我们总是很容易遗忘。经常用书写的方式来确认那些被认可的事情，即使只是封E-mai。
2. **充分了解他们** —— 无需太密切地了解，知道老板的好恶、害怕与希望就足够了。如果你明白了刺激他们的动力是什么，你就会知道如何与他们相处。
3. **坦诚你的志向** —— 即使你所希望的仅仅是安于现状，这个志向也要开诚布公地与老板交流。他们应当明白你想要的是什么。
4. **认真对待交待给你的工作** —— 没有什么能够比保质保量地按时交付老板所要求的东西更为重要的事。如果他不需要催促你，其实就是表扬你。
5. **帮他们善后** —— 每个人都会犯错误。帮助你的老板摆脱困境会为你赢得好感。千万不要给他们找麻烦。
6. **为他们搜集情报** —— 有时候，处于云端的人很难了解地上发生了些什么。为老板提供有用情报将会使你在他们的“奖赏单”上名列前茅。
7. **不要散布谣言** —— 尽管搜集情报是好的，但是揭发同事却是很糟糕的。除非他们确实行为不当。
8. **记住他们的生日** —— 即使是最难相处的老板也是人。记住他们的生日，他们也将记住你的。

BOSS

9. **遵守规则** —— 有时候，尤其是在一所大型公司里，当你不知道大环境是怎样时，只需按规则行事就好。弄清楚规则而不是挑战规则。

10. **给他们一点空间** —— 你的挑战和目标也是老板工作的一部分。对他们友好些，不要干涉他们的生活。给他们时间去考虑工作，并且能战略性地实施。

从老板的眼睛读懂他们的意思

每一枚硬币都有正反两面，你的老板也会失败。有时候你需要从老板的眼中看出你自己。你的老板或许也是个雇员，要不然就有自己的公司。不管怎样，他们和你一样，收入和工作满意程度都依赖于公司的繁荣兴旺。

不论你的公司经营什么，你的经理都有责任去达到目标。为了更有效率，他或她要知道什么时候事情会出岔子，而不是事后才发现。他们还会依靠你向他们提供你认为有帮助的客观反馈。告诉你的老板你认为什么事情需要改变，比告诉其他任何人都要更有建设性。

文 化

每一个公司都有自己独特的文化。你，以及其他每一个人，都有机会去影响这一文化。事实上，策划如何增强办公室气氛是一个很好的方法。例如，如果你想有更多机会和同事交往，把他们组织起来也对你的职业生涯大有裨益。这样你不仅会拥有主动权，还会在领导的过程中开发自己的管理技巧。

怎样更享受自己的工作

你是否想过为什么有的工作场所充满快乐和愉悦，而有的地方却全是沉闷的人？这是因为工作环境里不仅仅只有工作，如果每一个人都好好地照顾着这个地方，就会有一个良好的环境。当然，主要原因还是在于人，以及他们是怎样做的。

我们都希望快乐地工作，不管我们做什么，也不管我们在哪儿做。以下这10种简单的事能够让工作变得更加快乐。

10 种使工作更加开心的方法

1. **营造自己的小天地** —— 你需要一个供自己支配的地方。即使那只是办公室里属于你的那块角落，也要按照你想要的样子去布置它。
2. **绿化环境** —— 和同伴一起，为那些布满蛛网、无精打采的植物换上一些令人印象深刻的大型花盆。看看你的老板是否能够支付一半的费用。
3. **减弱光线** —— 一整天都处于日光电棒的照射下会让人感到郁闷。设置一些壁灯或台灯吧。
4. **打开窗户** —— 清新的空气对头脑清醒大有裨益。即使是寒冬，也不要坐在乌烟瘴气的屋子里。
5. **舒适的着装** —— 如果与会时你只能正式地盛装出席，那么在自己办公桌前度过的那些漫长的时间里，穿一件舒适的外套吧。
6. **适当地休息** —— 为什么后门5分钟的休闲时光只能属于吸烟人士呢？活动一下筋骨，不要再继续那些稀奇古怪的闲谈了。
7. **承认我们的不同之处** —— 你人生计划的选择会为你展示自己是多么有个性。所以当别人看待世界的角度和我们不同时，请不要恼怒。
8. **建立网络** —— 除了正式团队以外，你还需要一个非正式的支持网络。找到可以合作的人，他们会帮助你获得竞争优势，并为你解决麻烦。

9. **计划假期** —— 用一张巴掌大小的沙滩照片作为你的电脑屏保是没有错的。除非你还没有计划你的假期！

10. **积极的想法** —— 看待事物都有两种方式。请练习用积极而非消极的态度看问题。消极的传染率极高，所以与那些消极的人保持距离吧。

把事情完成

工作上的成功归根结底就是把事情完成。你可以自己奋斗，或劝说其他人来帮助你。你可能在生活的其他方面干劲十足，如果以同样的方式来工作，工作也许会变得更为简单！

人际交往领域有无数的专家，也有许多书籍详细讲述了一些聪明的理论和方法。然而，如果你遵循一些基本法则，人际之间高效的交流实际上很简单。你需要确保你想要说的都能够清晰表达，例如为什么这很重要，你希望什么时候完成。换句话说，要保证自己讲清楚什么事情、什么时间、什么地点、怎样做以及为什么做。

以下10种方法可以帮助你赢得周围人的支持。

10 种赢得他人支持的方法

1. **询问** —— 有太多人不愿意发问。相反，他们希望对方可以魔力般地识别并抓住他们的想法。主动发问吧。如果你不问，你什么也得不到。
2. **直言不讳** —— 如果你直接说出来，会比你模棱两可的表达更容易得到你想要的东西。
3. **双赢** —— 别人有资格询问："我能从中获得什么？"事实上，你应该在他们发问之前就告诉他们答案，那么他们就会支持你。
4. **顾全大局** —— 未能完成任务可能会造成影响全局的后果，但是如果你不告诉接受任务的人，他们就不会注意到其重要性。
5. **控制期望** —— 这适用于需要克服某些挑战的时候，否则别人会因为觉得任务困难，而认为自己无法达到目标。
6. **交易技巧** —— 这可不仅仅是双赢。可以用这些技巧来互相帮助，共同从事一件你认为简单而另一人觉得困难的事。
7. **一较高下** —— 我们都希望自己胜出，要胜出就需要点竞争。设置一些任务，并且为第一个完成的人准备奖品。
8. **惊喜** —— 即使是小礼物或者其他表示赞赏的纪念品，都可以显示出你确实很欣赏别人的成果。奖励的方式可以是自然而出乎意料的，也可以是正式而精心策划的。

9. **培养自己的热心肠** —— 如果别人认为你乐于付出自己的时间和专业知识，当你需要他们帮助的时候，他们就会答应。

10. **表示感谢** —— 把这一条列在最后，因为这实在不需要你去记住。但是总有些时候，我们忘记说“谢谢”。请不要这么做！

为自己工作

为自己工作可以解放你，或者困住你。不是所有人都喜欢自我创业的挑战，但这毕竟是一种人生抱负的实现。

如果你工作得不开心，或者也许你认为在别的公司你会做得更好，那么当你制定人生计划的时候，慎重考虑自我创业是值得的。

放弃现在的工作来为自己工作，这是一个重大的决策，也伴随着重大的后果。如果进行得顺利，你会十分高兴。如果不顺利，你也许会发现自己回到了旅途中一个遥远的起点。下面这一节将帮助你探索这一机会，创造出一份详尽的商务计划。

10 条考虑自我就业的要点

1. **我仅仅是为了逃避现在的工作吗** —— 讨厌自己的工作，或者失去了工作，并不意味着你有资格自我创业。面对工作中的问题，要比由于错误的原因而自我创业所带来的伤害小得多。
2. **我为钱担忧吗** —— 自我创业意味着没有定期的工资。你能够承受一种毫无计划的个人现金流吗？
3. **我的家人支持我吗** —— 没有家人的支持，你将永远不能成功。经营一个公司要比照顾一个新生儿更加耗费心力。要确保每一个人都明白他们所要做的牺牲。
4. **我喜欢做什么** —— 开一家公司而做自己不喜欢的事，是毫无意义的。为自己打工应该是充满乐趣的。
5. **我想要做的事有没有市场** —— 你需要一大把的顾客。市场对于你所从事业务的需求有增长吗？
6. **我能在我目前的所在地开公司吗** —— 许多公司都乐于多样化。不排除把自己的公司作为你老板公司的一部分这种可能。与他协商一下执行预算吧。
7. **我能经受得住考验吗** —— 除非你十分幸运，一般在开始的3到6个月内你是没有任何收入的。这是因为开设公司将要花钱，而不是赚钱。你需要节约开支。
8. **如何养老** —— 作为雇员是拥有许多福利的。你需要认识到你将要失去作为雇员的许多福利。

9. **我只是想变得富有吗** —— 只有极少数的成功企业家能真正变得有钱。大多数仅仅是生活不错，而且感到快乐。

10. **我只有这一个选择了吗** —— 有时候失去现有的工作而再去找一个新的几乎是不可能的。如果这是你选择自我创业的原因，请认真对待，并继续阅读下去。

迈出第一步

成功地开办自己的公司是人生中最让人满足的事之一。然而，这就像是极限运动一样——胜利的时候令人兴奋，失败的时候让人受伤。

全世界每年都有数以百万计的人开公司。许多都是从一个人做起，靠自己工作，至少是靠自己开始。无怪人们做了许多调查，来研究是什么让这些人成功的。小型企业组成了世界经济的一个重要部分，它们所提供的一定程度的自由和控制能力使一些人解放，而让另一些人恐慌。如果开设自己的公司是你人生计划的一部分，你会希望确保自己能够稳操胜券。以下10个步骤是你需要去遵循的。

Betty's Blooms
OPEN

10 个自我创业的步骤

1. **好的创意** —— 明白自己将要干什么。选择一些你真正了解的东西，这将会使你免于许多风险。
2. **检验竞争** —— 看看有谁已经活跃在你所选择的领域，并找出自己如何用不同的方式运作。
3. **计算总和** —— 你已经获得了多少投资？接下来的几个月要靠什么生活？你需要多少钱来创业？
4. **获取建议** —— 许多政府资助建议能够为你提供独立的指导和支持。有资助你就会花费得更少。寻找这些建议吧。
5. **书写计划** —— 写一份简单的商业计划。许多银行都会提供免费的模版供你使用。从网站上下载或者向银行要一份吧。
6. **市场调查** —— 没有顾客就没有生意。找出潜在的客户来估算一下他们的利益。许多人发现自己目前的老板后来都变成了自己第一个客户。这是相当不错的。
7. **筹集资金** —— 试着准备比你所需要的数目更多的钱。先向家人和朋友借一部分。想想用什么来抵押。
8. **开张营业** —— 没有人会认为自己已经为开张做好了准备。但是，一旦你开始营业时，你才会有效地找出漏洞并弥补它。
9. **关注资金** —— 花钱容易挣钱难。不要过度支出，要确保自己有利可图。

10. **衡量一切** —— 不要把自己束缚在工作里，这样你就没有时间去经营自己的公司了。抽出身来看看你正在做什么，并做好记录。

不论何种形式的工作，都是每个人生活的中心。我们要思考许多选择，或许还有很多困难。这都取决于你目前的位置，以及你人生规划的方向。

不管你现在从事什么样的工作，它都能为你提供燃料，让你在以后的人生旅程上能够继续驰骋。此外，对于搭载你的人生之车来说，要保证引擎——你的工作环境能够符合你所希望的表现，这是十分重要的。不要忘记，大多数车流都是双向行驶的。你需要主动地控制你的工作环境，并且对别人提出的要求予以反应。

119

制造更多的休闲时光

你的人生规划不仅要专注，还要有趣。计划休闲时光和计划工作时间是同等重要的。如果你拓宽了兴趣，并且避免每周7天、每天24小时地工作，你的人生将会更加丰富多彩。

不工作的时候，你的时间是你自己的。你可以休息、培养兴趣、度假以及学习更多你所感兴趣的东西。对于我们大多数人来说，休闲时光仅限于晚上、周末，或许还有5天的年假。这就是为什么充分利用空闲时间是非常重要的。

你的空闲时间是属于且仅属于你自己的，认识到这点很重要。进行各种新的活动是很容易的，但你只需要做那些你本能地感到适合自己的事。灵活的休闲时光也是很不错的。你的工作生活也许安排得很紧凑，但是在你不工作的时候，请为自己的心血来潮保留一些自由的空间。

爱好

爱好是那些我们认为有趣而去做的事情。一些爱好变成了事业或职业，但是反过来的情况却鲜有发生！对于有些人来说，为了爱好可以献出毕生的热情。对于其他人来说，爱好更多地是追求当前的兴趣。你所做的很大程度上依赖于你的个性。一些人喜欢探索很多新事物，而另一些则更喜欢在一个专门的主题上深入钻研。你做人生规划时需要明白你属于以上哪一种。

不是所有的爱好都需要巨大的投入。最佳爱好开始于一个能够引发你想象力的当前兴趣。当你探索这一主题时，你的兴趣或增加或减少。你会继续进行下去，或是止步。为了启发你的思考，以下是一些你无需花费太多就能够研究的简单爱好。当你开始尝试它们时，你会自然地想到其他方面。在这里重要的是过程，而不是几个特殊的例子。

10 种值得尝试的简单新爱好

1. **烹饪** —— 如果你的烹饪技能只限于冰箱和微波炉之间，试试用火做一顿饭吧。购买和使用新鲜的食材是一种休闲，而且可以做出更加健康的食物。如果你不想买烹饪书，还有很多食谱网站呢！
2. **园艺** —— 你是否渐渐遗忘种植花朵、灌木和蔬菜的乐趣？花园可以让你无拘无束地接触土壤。继续下去吧，走到新鲜的空气中去！
3. **健身** —— 健身是消磨空闲时间的好方法。如果健身房太可怕，试着进行长距离徒步行走。所有的锻炼都对你有好处。
4. **阅读** —— 你已经在进行了，不是吗？为什么不尝试些不一样的文风呢？好的小说比任何电影都更具吸引力。你还可以加入读书俱乐部，在那里你们阅读相同的书卷，然后一起讨论。这是很好的思维扩展以及人际交流方式。
5. **音乐** —— 一些人玩音乐，而所有人都听音乐。如果你会演奏，或者想要演奏，为什么不试试音乐课程？如果你听音乐，为什么不探索一些不同的曲风来拓宽你的欣赏范围？音乐真的可以给你惊喜。
6. **写作** —— 你是一个初露锋芒的小说家吗？也许你对诗歌或歌词感兴趣。为什么不尝试创作呢？许多事情要实践才能达到更好的效果。你可以参加比赛，或者在杂志上发表短篇小说和诗歌。

7. **宠物** —— 兔子、金鱼或仓鼠都是除猫狗之外有趣的选择。你可以买一只纯种动物并炫耀它，或仅仅带着你吵闹的新犬参加狗狗训练班。我们有数不清的机会可以考虑养宠物。养宠物不只是一个爱好，它们会成为家庭的一员。
8. **家谱** —— 你的祖先是个强盗还是公主？你有没有想过？为什么不找出来——兴趣会使你很容易地调查家庭的历史。
9. **手工** —— 如今销售的大部分都是复制品，这会让你的朋友更欣赏手工贺卡和礼物。用你的双手制作东西，尤其如果你是上班族，这会带来极大的满足。你可以运用很多材料，例如干的花朵草木都是免费的，所以创作根本不会花费太多。
10. **收藏** —— 如果某个东西引起了你的注意，或真的吸引了你，那就建立个收藏怎么样？这是个去汽车展销会或拍卖会的好理由。此外，如果收藏让你感到疲惫，你还可以卖掉它，有时候还会收到利润。

朋友和休闲

以上所列的活动大多都是自己享受的。如果你喜欢独处或目前没有太多的人可以共处，也是不错的。但是，如果你想与朋友共度休闲时光，你可以考虑一些一起做的事情。通常，结交朋友都要花钱。这意味着我们的社会活动都要受到我们预算的限制。

以下是一些你可以与朋友、家人一起做但又不会花费太多的建议。利用它们将可以更好地了解你的朋友和家庭里的长辈。

10 种与朋友、家人共享欢乐的低开销方式

1. **室内游戏** —— 猜谜语是个最明显的例子，每个人都会玩。为什么不上网查些其他的传统游戏，并集中起来办一个主题之夜呢？猜谜语也是与内向的人或长辈愉快地消磨时间的好方法。
2. **化装舞会** —— 你会发现许多聚会设计公司都很乐意为你组织一个免费的欢乐之夜。很明显，他们希望你会购买他们的某些产品，但是这并不是强制的。
3. **运动会** —— 设置一些大家都不会感到为难的运动挑战项目，共度一个运动之夜。为表现最好的和最有趣的参与者颁奖。试着确保每个人都能赢得一些东西。
4. **读剧本** —— 不必化装和表演，只需大声地朗读剧本。每个人扮演不同的部分,并录下你们的成果。分享制作好的MP3文件，让每个人都得到一份。
5. **租车** —— 如果你们的人足够多，你们可以租车去郊外，住在农家乐小院，亲近自然，举办篝火晚会。记住，你们参与的人越多，每个人花费的就越少。
6. **晚宴** —— 为一个正式晚宴精心装扮。邀请客人共同准备，让每一对夫妇都带来一道不同的菜肴。但你首先要确认菜单！
7. **益智类节目** —— 为什么不组团参加一个当地的益智类节

目呢？带上兴趣广泛的朋友们，那么没有一道题目会难倒你们。

8. **舞会** —— 许多人都会跳舞，但你有没有想过尝试些新东西？你可以学习许多风格的舞蹈。找个舞伴是可以的，但一群人一起去会更有趣。有些地方会举行一些舞会，在那儿你可以免费学习舞步。
9. **接受挑战** —— 有那么多的募款活动，为什么不尝试挑战一下呢？有些活动需要一个小组，而最好是组内成员有各自的特长和兴趣。一些人享受体能的挑战，而其他人扮演重要的后援角色。
10. **志愿者** —— 找到需要做的事，带上一帮朋友。你可以花一整天时间到自然保护区清理灌木丛，或者修缮翻新一家老旧的民谣中心。享受团队合作，并用一个烧烤或外卖食品聚餐来庆祝你们的成果。

这些活动的重要性在于它们可以重复进行。有些事你不必只做一次。随着时间流逝，你会发现不论是你的团队，还是你们所从事的事情，都得到了发展。这是很好的现象，因为这意味着你的朋友对这个事情都有了一定程度的投入，而且把他们的个性融入到了整个过程中。自己领导计划实施和人们希望你组织实施之间，有着明显的区别。

假日

对于我们大多数人来说，每年的年假是我们一年中的重点。这种工作之外的宝贵时间自然是你人生规划中的重中之重。但是如果你负担不起到希腊的小岛上度假怎么办？你是不是坐在家中闷闷不乐？用一个周末的时间来装饰浴室比用两周暑假的时间要划算得多。

度过业余时间有很多可选择的方法，同样都可以让你重新振作、重新充电。以下是一些不错的方式。

10 种在阳光下享受一周的优质选择

1. **在家度假** —— 参观任何一处你都不用特别费心，因为那是你的住所。每天晚上都出去吃饭，把你的家当做一个旅馆。不要做家务，也不要开邮箱。
2. **代为照看房屋** —— 当有人离开的时候，帮忙照顾他们的宠物和植物。享受不同之处，再次强调一下，请走出去探索。
3. **房屋交换** —— 有专业的代理公司帮你安排房屋交换。你可以免费住在另一个国家，和你进行交换的人也是。你也不需要一幢位于特殊地理位置的迷人住宅。房屋交换者通常都是像你我一样的人。
4. **尝试露营** —— 露营站点目前也拥有热水器和洗衣机了。这个不像你担心的那种“回归自然”。帐篷很便宜，而且能长久保存。
5. **做个向导** —— 你会发现许多养老院会为住在那儿的人们组织旅行，为什么不以助手的身份和他们同去，从别人的眼中重新看看这个世界？
6. **找份工作** —— 如果你的生活都在室内度过，你会欢迎两周阳光下的生活。试试摘水果或在一个流行音乐节上充当保安。有时候做出些改变比休息效果更好！
7. **参加课程** —— 学习新技能的机会，可以是游泳、摄影或其他一些更加不同寻常的事，可能会出人意料地便宜。你会找到一个不需要远行的为期一周的课程。你也将结识一些陌生人，或者交些新朋友。

8. **与父母在一起** —— 再一次睡在老房子里是个让你回想自打离开家之后所取得一切成就的好机会。这本书中有一章是关于父母的，里面介绍了如何与他们共度欢乐时光，为什么不试试呢？

9. **改变造型** —— 假期为你提供了全方位改变造型的实验机会。例如，如果你是个男人，你可以留胡子。有些人甚至到国外去做整容手术，尽管这不是每个人都能负担得起的想法。

10. **清空橱柜** —— 外面又阴冷又潮湿，你不想出门。那就清空你的橱柜，重新发现那些你已经忘记的东西。以物易物或者到商店去寻找灵感。你不需要购买任何东西！

去度假

有时候，你最终能够支付得起你想要的假期。你该如何确保现实达到你所期望的那样呢？你会如何把失望的风险降到最小？除了一些显而易见的事情，比如购买你所需要的保险和任何相关的必需品，还有一些非常简单实用的东西能让你的假期更加有趣。

10 种从假期中得到更多收获的方式

1. **预先计划** —— 永远不要因为太忙而不去计划你的假期。用Google搜索你的目的地，看看都发生了些什么。定下所有你喜欢的事情，但是如果你只是当晚才查阅，你可能会错过它们。
2. **拆分行程** —— 凌晨两点半从家里驾车去机场也许会省些钱，但是这会使你身体疲倦、心情烦躁。在机场附近订一间旅店，在房间里享受香槟吧。
3. **带上孩子** —— 即使是小孩子，在计划活动中也想要扮演一个角色。限定他们的选择，但是要让他们做选择。这样能够避免他们乱发脾气。
4. **入乡随俗** —— 时刻准备着尝试新事物。不要把时间花费在游泳池旁或沙滩上，领略你所旅行的国家的文化将会加深你对自己国家的认识。
5. **放慢脚步** —— 试图游览每一处罗马遗迹或每一间夜店，会让你的假期变成军训露营。放慢脚步，接受你不可能有时间做每一件事的事实。将精力放在你最想要做的事情上。
6. **寻找观点** —— 不同的国家做事使用不同的方法。观察这些区别，并看看你以后做同样的事情能不能用另一种方法去做。
7. **提出疑问** —— 如果有些事让你困惑，问问别人。充满好奇是很好的，当你表示你对别人所做的事感兴趣时，每一个人都会喜欢。

8. **规避风险** —— 当然你想要享受，但也要多多小心。如果接下来的6个月都住在医院里，这对你生活的扰乱，也许比你想的要严重得多。要玩得尽兴，但也要理智些。

9. **接受差异** —— 世界上的某些地方在文化上与你所生活的地方区别很大。接受这些不同，不要因为他们与你不同而觉得他们不够好，不要将你的假期用来改变他们的生活方式。

10. **亲身实践** —— 假期越多，你就会成为越有经验的旅行家。实践创造完美！

学 习

你的时间是自己的。你不必把它花在为老板谋利益上。你的时间可以用来做任何你想做的事。

如果你打算让自己的生活变得更好，那么你的某些休闲时光就无可避免地要用于自我发展。自我发展活动的种类将完全依赖于你为自己制定的计划。起初可能有些吓人。

让我们来面对它，很少有人愿意回到教室那种纪律严明的环境中。我们希望用我们自己的方法、自己的步调、适于自己能力和兴趣的方式去学习。可问题是一旦我们离开了教育系统，学习就从我们的日程上溜走了。我们开始变得不习惯于学习，甚至读一本书看起来都是个巨大挑战。

外界有许多关于学习方式的理论。这会让人感到迷惑，但是基本上你都会有一个比较偏好的学习方式。你会通过看、听、做来学习。当然我们不只是按照我们偏好的方法。想象一下自己刚买了一个新玩意儿。你是打开盒子阅读使用手册呢，还是仅仅把它拿出来、插上电源就开始实验？你的方法是什么？

任何一种学习形式的另一大障碍就是开销，和需要时间一样，许多学习都要花钱。由于人生规划的中心主题就是为你介绍不用花钱的新机会，以下就介绍10种不用花费一分钱的学习方法。

10 种免费学习的方法

1. **在互联网上** —— 如果互联网不能每天都带给你惊喜，说明你没有充分利用它。访问一些世界文学网站，并且通过他们的搜索引擎下载免费指导。教会自己如何准确地找到自己想要的东西。
2. **在公交车上** —— 在教育还未被发明之前，人们仅仅通过倾听别人所知道的事情来增长自己的见识。你可以从公交车上你的邻座身上学到些东西。你所要做的只是进行交谈。
3. **在学校里** —— 但不要坐在教室里。通过一些途径帮助学校的孩子们。也许孩子们教会你的比你教会他们的还多。
4. **与朋友在一起** —— 你最好的同伴要参加一个工作上的课程。可容纳8人的屋子只有6个人参与。试着毛遂自荐，你会惊讶于他们的观点是多么值得接受。
5. **当个志愿者** —— 作为一名慈善机构管理人员来学习战略管理，或者作为一名基金募集人，在宣传过程中变得更加自信。志愿者是一个很好的途径，通过帮助别人而帮助自己。
6. **公司里的培训** —— 对于没有相关经验的员工，许多雇主都会投资开设一些培训。这是因为开明的公司知道学习会使你更有动力。为什么不启发一下你的领导?
7. **问问为什么** —— 不要把任何事都当作理所当然，质疑每一件事。

8. **政府基金** —— 政府希望每一个人都能有学习的机会。找出你所在的城市有什么可用的基金和项目可以提供给你。

9. **良师益友** —— 他或她会帮助你专注于你的学习。

10. **借书** —— 启动一个书籍循环，你读完了的书传给下一个人。你可以在同事之间或是朋友、邻居之间进行。

这一章的内容鼓励你重新思考如何度过你的休闲时光。因为学习是任何自我提升之旅中至关重要的元素，此处所写内容更多的是向你灌输一个观念，就是学习本身能够成为一种休闲消遣。主要是寻找时间去尝试新事物、参观新地方、结识新朋友，尤其是要具有好奇心。

我的里程碑

There is no escaping the fact that stress and change are almost constant companions.

压力和改变几乎是永远的同伴，这是无法逃避的事实。

我的里程碑

Don't try so hard, the best things come when you least expect them to.

不要着急，最好的总会在最不经意的时候出现。

人际关系

朋友、爱人以及其他我们愿意共处的人，丰富了我们的生活，并在许多方面使我们感觉自己更为重要。如果你独自坐在玩乐的人群中，你会很容易感觉到自己被忽略。

几乎你人生规划的每一个部分都会涉及旁人。怎样与他们联系，以及更重要的，怎样看待自己，对于你的成功是至关重要的。

结识新朋友

几乎所有的人际关系都以同样的方式开始。当你结识新朋友时，也许通过一个介绍，某种关系就建立起来。当你们相互加深了解时，这段关系也许会进化成友谊或爱情。

你肯定已经拥有了一群朋友，但是因为你把时间都花在他们身上，扩大朋友圈并结识新朋友就变得很困难。然而，扩大你的朋友圈会拓宽你对世界的理解。每一个人身上都有太多我们需要学习的东西，以至于在很多方面你没有时间去认识足够多的人。唯一能够限制你个人人际关系网的，应该是你与他们所有人保持联络的时间！

以下这些建议适用于当你没有与人为伍并想要结识一些新朋友的时候。到那时你可以选择把他们介绍给你现有的朋友，或仅仅保持一些单独的友谊。

10 种扩大朋友圈的方法

1. **破冰** —— 你是否每天早上在车站遇到同一个人，点头、微笑，但并不交谈？找到破冰的办法并了解他们。上车时坐在一起，讨论一下共同的兴趣吧。
2. **开设午餐俱乐部** —— 每一个人都坐在自己的桌前吃午餐吗？为什么不在公司开设一个午餐俱乐部？把邀请帖贴在公告栏里，看看谁会翻看。把主题定得有趣些，确保你和其他人都会感兴趣。
3. **寻找其他新人** —— 也许你是初到这个城市，并不认识太多人。寻找那些刚来的人一起探索，你们就会成为朋友，也可以一起寻找新朋友。
4. **上网** —— 社交网站越来越多。在那里你可以公布一份简介，并且和趣味相投的人交流想法。当你希望寻找一些与你共享某种冷门兴趣的人时，网络是极好的途径。
5. **朋友的朋友** —— 你只要稍稍鼓励一下认识你的朋友，他们就会把你介绍给他们认识的人。你的社交圈会持续扩大，当这个团队变得太大而难以控制时，就建立一个新圈子吧。
6. **咖啡机边** —— 许多友谊都来自工作。这往往是因为你们拥有时间去互相了解。你们在一起共事，自然有许多可谈的话题。
7. **挖掘老朋友** —— 你是否好奇你原来的同学这些年过得怎

么样？互联网能够帮助你重新找到他们。但是不要认定你们会像以前一样相处得来，即使这很有可能是事实。

8. **交友聚会** —— 从快速约会到商务早餐，有许多你可以参加的交友聚会。你可能出于工作目的参加，但也可能会遇到你想要交往的人。
9. **加入社团** —— 健身房和俱乐部是你认识新朋友的地方。你们也会拥有共同的兴趣，否则你们也就不会聚在一起了。
10. **易于接受** —— 人们也会把你视为他们想要更加深入了解的人。给他们一点儿时间，看看你们是否有共同点。

成为好朋友

好朋友很难找。当你拥有一个真正的好朋友的时候，你就会知道自己将永远不再孤单。有人能分享你的故事，不论是好的还是坏的；有人能帮你渡过难关，为你庆祝成功。他们是你生活中不可缺少的，会让你感到自己的价值和特点。他们或许是你的伴侣，或许不是。他们也许会比妈妈还了解你，也许这是个严峻的考验。

如果你有好朋友，你已然会明白他们的重要性。但是问问自己，你对他们来说是多好的朋友？享受好处很容易，但是好朋友是双向的。有时候你需要把个人的需求放在一边，坚持作为一个好朋友回报他们。

当你和好朋友在一起时，你会想做些特别而值得纪念的事，也许比在酒吧里普通地喝上一杯有意义得多。以下是一些能够启发你的好主意。

10 件能与好朋友一起从事的有趣事情

1. **爬山** —— 山不需要很高，但是由于你更信任好朋友，可以在安全允许范围内爬得再高一些。与真正的好朋友一同尝试新鲜事，你们的关系就会更进一步。
2. **租一所空屋** —— 找一个有多间卧室的空屋，与一群朋友组织一个为期一周的大派对。最好选择有工作人员的地方，这样你就不用刷碗了。
3. **化装舞会** —— 组织一个派对，玩一些幼稚的游戏。如果都是你的朋友，没人会觉得尴尬！
4. **卡拉OK** —— 一起凑钱买一个卡拉OK点唱机并轮流保管，唱你们喜爱的歌曲。也许你歌唱得并不好，但是每个人都参与，所以也一样会很有趣。
5. **比赛日** —— 与一个或一群朋友一起，租用一个多功能套间，欣赏比赛吧。
6. **包下酒吧** —— 如果你们的人足够塞满一间屋子，那么就塞满一家酒吧吧。为什么不在每个安静冷清的周一聚在一起，享受属于自己的专场呢？
7. **环游世界** —— 独自旅行远没有与朋友同行有趣。与一个密友或一帮朋友同去，你们会有无数的奇遇，这比你一个人度假要好玩得多。
8. **少儿游戏** —— 在温暖夏日的午后做少儿的游戏再合适不过了。如果你们当中很多人都有孩子，让他们也加入进来！

9. **学习一种新语言** —— 与一两个朋友一起学习会为你们提供练习的机会，也同样会让放弃变得困难。

10. **分享一部经典跑车** —— 凑钱购买你们梦想的汽车。分配轮班顺序，这样你们就都有机会驾驶它了。

让友谊更进一步

趣向分歧而导致友谊削弱，这是很让人苦恼的。无论如何，在长期的人际关系中这是不可避免的。有时候最好是去接受你们双方已有的改变，顺其自然。又或者你会希望加强这段关系（尤其当他／她是你目前的生活伴侣时）。

10 个帮助改善所有关系的建议

1. **把他们放在第一位** —— 毕竟，这段关系对你来说是重要的。对于生活中真正重要的人来说，工作、熟人和追求者都只能放在第二位。
2. **制造空间** —— 给别人一些自由是很重要的。拥有与众不同的兴趣和友谊对你们双方都是一种健康的方式。要记住，每一个人独特的经历都会丰富你们之间的联系。
3. **彼此信任** —— 怀疑会侵蚀任何一段感情。我们要对彼此坦率、信任和忠诚。讨论一下各自关注的事情以及观点的区别。
4. **尊重彼此的工作** —— 如果你的工资比你的朋友或伴侣高出一倍，这并不意味着你比他们重要一倍。我们都有不同的能力和目标。要尊重每一个人。
5. **原谅** —— 我们都会犯错误。不要让它们破坏一段美妙的感情。
6. **与时俱进** —— 随着年龄增长，我们都会有所改变。你得承认自己需要接触新观点和新活动，而将往事渐渐遗忘。如果你希望持续你们的关系，就不要拘泥于你们曾经共同做过的事情。
7. **处理自己的家务事** —— 要经常做做分配给你的那些家务活儿。不要每次都把脏活儿留给对方。
8. **承认错误** —— “一时冲动”的负罪感会像酸一样侵蚀你

们的关系。承认自己的错误并请求对方原谅，同时也可以向他们学习。

9. **牢记纪念日** —— 如果你总是习惯性地忘记那些重要日子，就把它们记在能够提醒你的地方。

10. **说你在乎** —— 我们总是很容易将对方所做的一切视为理所当然，尤其是和你共处多年的人。老夫妻或老朋友之间如果忘记说在乎，都应该感到内疚。对你认为重要的人说你在乎他们，这非常重要。

修复关系

所有的关系都会经历起伏。状况开始变糟的标志性事件，就是双方开始争吵。

如果一段关系开始让人痛苦，最好的解决办法就是讨论。这可能是很困难的，由于害怕分手，也许一方或双方都无法说出心里话。对于解决可能会造成感情破裂的事情，坦然而不发表任何评断的谈话会大有帮助。有时候，把事情写下来会很容易，甚至双方使用E-mail，也要比面对面解决意见分歧要容易的多。

有时候感情一旦破碎，就无法再修复。尤其是友谊，无法再自然地进行。如果你不是终结关系的始作俑者，你就会很自然地有受伤和被遗弃感。当你遇到此类情况时，以下这些建议也许会帮助你。

10 种结束一段关系时的应对方法

1. **保持对话** —— 当有问题需要解决时，如果你们能够保持对话，事情就会容易得多。然而，一旦你们解决了难题，就不要再纠缠对方。他们和你一样，也需要去过自己的生活。
2. **明白原因** —— 如果你知道裂痕产生的真正原因，你就能够更好地处理。即使是普通的熟人开始对你冷眼相看，如果你不知道原因，也会感到受伤。
3. **无需自责** —— 过去的事已经过去了，你们不能回到过去。要关注未来，而不是过去。
4. **出去走走** —— 不要坐在家里生闷气。你还有其他朋友，不是吗？和他们在一起，但是别拿自己的问题去烦他们。
5. **实事求是** —— 如果这段关系无法挽回，试着把自己的心灵创伤从现实中抽离。不要把共享的财产当作你复仇的武器。
6. **无需多做改变** —— 如果你失去的是专横的伴侣，现在你就自由了。也不要因为太难过，而在每个晚上都足不出户。正确地对待事情。
7. **释怀** —— 有时候你不得不接受这个不可避免的现实。明白得越早，生活的裂痕就填补得越快。
8. **休息一下** —— 有时候，你需要离开一两天，去思考这段关系。你能总结出哪些是对未来有用处的经验和教训。

9. **制作清单** —— 写下你们共同做过的所有美好的事情。如果你们没有遇见，它们就都不会发生。为那些美好的往事庆祝吧。

10. **你不是一个人** —— 很少有人没经历过关系的终结。这意味着别人会明白你的感受，因此你就会知道你不是孤单一人。你可以向那些有同样经历而且信得过的朋友寻求一些安慰。

邻居

因为邻居和你住得很近，虽然你们没有来往，但是他们也可以和朋友一样重要。你可以选择你的朋友，但是很难选择自己的邻居。

邻居可以帮你把生活变得更为简单快乐。相反，一个糟糕的邻里关系也确实会使你的生活十分痛苦。也许你只是对周边生活的极少数人点头打招呼，但是真正的挑战来自于如何找到进一步了解他们的方法。事实上，好邻居也能成为好朋友，尽管需要冒很大的风险。除非你住在被农田包围的村子中央，否则邻居都会对你的幸福、以及你实现抱负的能力产生重要影响。

10 种结识邻居的方法

1. **举办派对** —— 主动邀请周围的每一个人参加派对。要保证派对是低调而且非正式的。你只是希望人们彼此见见面和聊聊天。这样一定会涌现许多好主意。
2. **帮忙看家** —— 如果他们要外出一周，帮他们留意他们的家。事后他们可能会请你过去，对你表示感谢。
3. **共享物品** —— 如果你租用了一台地毯清洗机，看看谁在这个周末也想用它。邻里之间有很多东西可以共用。
4. **照顾小孩** —— 找出其他有孩子的人，轮流照顾孩子。每个人都会从中获益，这样每一个人都有可能更经常地外出。
5. **喂养宠物** —— 当对门邻居晚上出门的时候，帮助他们喂喂宠物。记住一定要主动，不要等着别人来要求。如果你先喂了他们的宠物，在你外出的时候，也就不会不好意思请求他们帮忙照看你的宠物了。
6. **代收快递** —— 等待邮寄的包裹是很痛苦的事情，等待水管工和维修工也是一样，他们总是迟到。如果你一整天都待在家，帮忙代收包裹吧。
7. **结成同盟** —— 如果你关心你所在社区的发展计划及其他有关社区的改变，其他人也是一样。敲开每家的门，调查他们的观点。鼓励人们向那些影响所有人的决策者表达自己的感受。

8. **邻里监督** —— 当地的物业或警察会告诉你怎么做。每个人都加入进来，向警方汇报任何可疑的活动。如果邻里监督方案可以减少犯罪的话，那么着手建立吧。

9. **购物** —— 如果你注意到有人生病而不能离开家，就帮他们买东西吧。也可以邀请其他邻居一起帮忙。

10. **只需打招呼** —— 如果这些办法都没有吸引你，那就简单地走到邻居面前，对他说："你好，我想向你介绍一下我自己……"

处理问题

和你工作的地方一样，你的邻居都是你不能选择的。换句话说，他们不像你的朋友，你不会每时每刻同他们所有人都进展顺利。你的人生规划很可能专注于如何建设友谊，但是当你和你的邻居互相看不顺眼的时候，你也需要一些建议。

10 种邻里问题以及解决办法

1. **喧闹的派对** —— 如果你的派对会打扰到邻居,就邀请他们加入吧。如果是他们的派对，就破门而入一起狂欢吧!
2. **长高的树篱** —— 经常小心地留意它，别等发展到引起邻里抱怨。树篱成长得很缓慢，引发的争执应该也同样很缓慢。
3. **大声地摔门** —— 如果你的邻居与你只有一墙之隔，你也许会听到摔门声。问问他们是否能听到你摔门的声音，并协定一个方法，将这种恼人的事最小化。
4. **小狗的粪便** —— 如果每个人都让他们的狗把你门前的草坪作为厕所，就可以考虑种一排低矮的带刺灌木丛。也可以做一个小标记，或者提供聚乙烯袋等都会有所帮助。
5. **吵闹的孩子** —— 你不得不承认，孩子会制造噪音，尤其是当他们在花园里玩耍的时候。把塑料嬉水池放在后门附近，不要放在靠近别人窗户的花园中。如果邻居的孩子一直打扰你，当你再见到他们的父母时提醒一声。
6. **启动的引擎** —— 我们都需要去工作。你的邻居总是在启动汽车的时候吵醒你吗？又或是他们花费整个周日下午去调试引擎？区别其中的不同，并原谅不可避免的引擎噪音。
7. **耻辱的标记** —— 如果你深受邻居们偏见和污蔑的伤害，最好首先向你信任的人或是其他社区组织获取建议。希望会有一些当地的成功事例供你借鉴学习。同样，问问你自己，你对邻居的感觉是公平的，还是建立在某种根深蒂固的偏见上?

8. **猥亵的举止** —— 如果这种行为已经到了很明显的地步，你的邻居可能需要去接受专业的帮助了。如果只是你过分地自我防范，就试着转移自己的注意力。除非你感觉到威胁，否则不要试图把事情搞大。
9. **害虫和害兽** —— 有些宠物，尤其是家畜，会招惹老鼠。你的物业会帮你处理花园里的害虫，也同样会帮助你的邻居。
10. **触犯了法律** —— 如果你怀疑你的邻居触犯了法律，无视还是告发就靠你个人的道德价值观决定了。如果他们只是和你拥有不同的价值观，就现实点，原谅他们。记得，搬家是要花钱的，所以你不会想要跟邻居争吵吧。

在你身边的人们，不论是朋友、家人还是邻居，都会对你达成目标产生巨大的影响。这就是为什么你与他们的人际关系需要保持得尽可能好。支持你改善生活的人，你拥有得越多，生活就会变得越好——不论是为了你，还是为了他们。

15 孩子

人生中你能做的最大决定之一，就是要不要孩子。有许多因素会影响这个决定，不只是你伴侣的观点。即使你决定不当父母，你的朋友也可能会有孩子。因此我们所有人都要花些时间和孩子们相处，尽管他们不一定是我们自己的孩子。制定人生计划的时候，探索一下如何让这段时间过得快乐而有价值，这是合情合理的。

父母身份：是或否

一旦你成为了父母，你就是一辈子的父母。孩子是一个主要的负担，不论在财务、情感方面，还是在自由自在做自己方面。但另一方面，不论他们年轻还是成熟，他们都可以成为你人生规划的中心焦点。

很少有人会草率决定，尽管有时怀孕完全出乎意料。事实上，没有计划的家庭可以变成最幸福的家庭！如果你到了思考组织家庭的人生阶段，问问自己下面这些问题。

10 个建立家庭时需要考虑的问题

1. **只是本能** —— 我们被预先设定会想要小孩，这是本性使然。拥有一个家庭会让你感觉你所做的都是理所当然的。试着列出赞成和反对意见，并权衡本能和现实。
2. **父母在施压** —— 有时候你的父母想做祖父母的愿望比你们想做父母的愿望更强烈。不要让他们的愿望影响你自己的决定。如果你确实决定要孩子，问问他们能给你怎样的帮助。
3. **你准备好暂别事业了吗** —— 要孩子意味着请产假。许多夫妻也会决定改做兼职，分担照顾孩子的责任。这与你的事业计划匹配吗？
4. **你能担负得起吗** —— 抚养孩子是很昂贵的。长远而认真地考虑你的财务状况，并找出管理方法。也许再等等，先攒些钱比较好，又或者你决定先开始进行，再做打算。没有一个正确的答案。
5. **我们有空间吗** —— 你的房子适合小孩吗？如果是一居室的房子，你可能先要考虑换个大一点的房子。你家距离学校和其他所需要的公共设施有多远？当你有孩子的时候，你将对你的邻居有不同的要求。
6. **你们的关系有多稳固** —— 有人想用孩子来修复不佳的夫妻关系，但这并不总是管用。问问自己，你们是否已经做好准备，承诺大约20年的时间作为父母一起度过。这是个大问题。

7. **容易吗** —— 怀孕对一些人很困难，同样对另一些人很容易。预备一些时间来进行，如果花费的时间比你所希望的长，也不要焦虑。你有体力来应付这个可能的长期拉锯战吗？

8. **生活太美好而不愿改变吗** —— 如果你当真享受生活，有一个很棒的工作和满满的社交活动，一个小孩也许会改变许多事情，超过你所乐于承受的限度。不要小孩并不是自私，这是你的选择。

9. **双胞胎怎么办** —— 如果你的父母有一个是双胞胎，那么你也将有机会获得双胞胎。许多生育治疗也能导致多胞胎。当你计划只要一个孩子的时候，你能应付两个孩子吗？

10. **基因适合吗** —— 有些人由于拥有潜在的基因遗传条件，而选择不要孩子。如果你是这样，在决定之前咨询一下专家的意见。

抚养孩子

如果你有孩子，你会希望给他们最好的。这也许并不意味着他们所需的抚养，和你以前得到的抚养应当是一样的。时代在改变，现在比起你小时候拥有更多的机会。你的人生规划需要在不牺牲你其他抱负的前提下，完成你做一个好父（母）的期望。以下是一些为人父母的重要建议。

10 条为人父母的建议

1. **对他们表达你的爱** —— 事实上，很多父亲都会认为拥抱和亲吻孩子是很困难的事。孩子需要来自父母双方的肢体关怀，也要让孩子看到你们两人的拥抱。
2. **保留底线** —— 孩子们需要知道什么是可以接受的，而什么是不可以接受的。不管你有多么宽容大度，都要确保为可容忍的行为制定底线，并好好维护。
3. **倾听** —— 即使是婴儿的发声也都包含了大量的感受和需求，大一点的孩子通过询问来学习，所以抽出时间倾听吧。
4. **疲惫的孩子睡得香** —— 锻炼对我们所有人都是有好处的，尤其对于年轻人。如果你的孩子很活跃，就把他带到公园玩球吧。鼓励他们多做运动。
5. **不要溺爱** —— 不要让你的小可爱左右你。宠爱并不能让他们理解他们做错了什么。
6. **免去体罚** —— 如果你已年逾四十岁，你的父母和老师也许在你不听话的时候打过你。如今心理学家认为这种行为会适得其反。用奖惩措施来代替体罚吧。
7. **不要批评** —— 青少年的自尊很脆弱，容易受到伤害。可以批评错误的行为，但是不要责骂孩子。
8. **给点空间** —— 孩子越长大，就越重视自己的私人空间。如果你怕找到的东西会让你担心，就不要乱翻他们的屋子。

9. **道歉** —— 如果你做错了事，就要道歉。没有人是完美的，父母也不会总是正确的。

10. **联合自己的父母** —— 他们曾把你抚养长大，不是吗？那么为什么不让你的孩子和他们的祖父母建立坚固的感情呢？

与孩子融洽相处

以上所述内容能够帮助你与孩子之间建立一种成熟的相互尊重的关系。但是，为人父母可不只这么简单。如果你想要孩子，或者你身边的人有孩子，你就会想要与孩子们优质地相处。

如何定义优质，取决于你自己的视角和判断。优质并不只是意味着有教育意义；它意味着更多。它也涉及如何计划自己的生活，而把孩子的时间留给他们自己。有时你需要把他们放在电视前，而去做其他的事情。有时你会希望与他们一起做些更有趣的事情。以下这些建议会对你有所帮助。

10种与孩子高质量相处的方法

1. **制定约会** —— 孩子们都喜欢规律，那么为什么不每周指定一个下午作为你们一起玩耍的时间呢？
2. **分享计划** —— 至少偶尔让孩子们决定你们要去做什么。抽出时间计划讨论一下你们要一起做什么，预想可以和行动同样有趣。
3. **玩耍** —— 最近一次同孩子们玩是什么时候？这也许再普通不过了，但却能使你进入他们主宰的世界，并明白应该做些什么。
4. **成群结队** —— 有时与其他家庭一起做些事情是不错的选择。看看你是否能够从你身边的朋友和朋友的朋友中建立一个帮派，共同分享偶尔的探险活动。
5. **购买季票** —— 这会鼓励你有规律地光顾一个喜欢的地方，比如动物园。看看这些地方是如何随着时间变化的。当你反复规律地光顾某地时，你也可以看到更多的东西。
6. **分享爱好** —— 有些事情，比如摄影、骑马或钓鱼，可以共同进行。找些孩子比大人做得还好的娱乐项目吧！
7. **烹饪菜肴** —— 学习烹饪总是很有用处。但是，共同制作一顿菜肴也是团队合作的一个好方法。之后你们还可以吃掉它，当作庆祝你们的成功。
8. **有竞争性** —— 共同合作，去赢得某些东西。可以是猜谜、知识竞赛、体育比赛等等。孩子们也许会找到机会，勇敢地尝试一些正常情况下你会避免的事情。

9. **旧成绩单** —— 孩子们都乐于寻找大人也曾经是孩子的证据。学习成绩单、照片以及其他你过去的纪念品，将使你们能够讨论彼此的过去和他们的将来。

10. **儿时游戏** —— 有些过去孩子们经常做的事情，你们可以一同尝试。查找并尝试一下那些传统的娱乐项目。

幼 托

养育孩子是许多人一生中的重要部分，但是又不是人生的全部。为你自己留点时间，继续实现你其他的人生规划目标。为孩子牺牲志向听起来很伟大，但是可能会让你有种被孩子拖累的感觉。

你也需要有自己的生活，所以有时你会需要幼托。当选择幼托的时候，或许就是你准备工作的时候，你要到周围的幼儿园去，看看他们是如何管理运营的。选择一个适合你的孩子的幼儿园。不要忽略你的直觉，也问问孩子的意见。最后，和那些已经把孩子托管在那儿的家长聊聊。听听他们的看法，看他们是否与你自己的看法一致。

鼓励孩子成功

你的孩子或那些你照顾的人，迟早会设立他们自己的人生目标。他们可能首先需要经历世界上的一些事情，并变得成熟些。给他们些建议，告诉他们你是如何看待那些志向的。这样尽管有时也可能适得其反，因为他们会更乐于用反叛作为对你的回应。

在建议和支持中间，我们需要维持一种平衡。为他们创造机会，往往会比仅仅告诉他们如果是你会怎么做要更有效果。

10 种培养孩子抱负的方法

1. **鼓励他们** —— 总有人当过首相。如果你的孩子希望做些不同寻常的事，不要把这想法看得一文不值。鼓励他们找出实现的方法。
2. **考验他们** —— 把孩子裹在被窝里，只会让世界看起来比现实中更可怕。给他们些紧张的考验，并与他们庆祝成功。
3. **认识世界** —— 给你的孩子一些机会，去认识新事物、新地方、新朋友。不会有人足不出户就能改变世界的。让他们出去走走。
4. **购买图书** —— 好吧，一个作家建议买书是很正常的事情。阅读可以开拓思想，启发理想，所以买书吧。
5. **英雄崇拜** —— 英雄崇拜是没有任何错误的，事实上它是个聚焦理想的好方法。鼓励孩子们找出他们自己的偶像都做了什么、怎么做以及如何开始的。
6. **角色游戏** —— 创造式的游戏启发创造性的思考。孩子们会出于本能地这么做，但是我们要鼓励他们，并为他们提供一个可供探索的舞台。
7. **团体游戏** —— 如果孩子们总是和别人一起玩，他们就会成长得更为自信。他们还会学到如何影响别人。
8. **接受改变** —— 如果昨天的“小宇航员”变成了今天的“小飞行员”，不要嘲笑他们。也许你的孩子仅仅是经过考虑，认为驾驶飞机更易于实现。

9. **与钱无关** —— 不要把你的孩子推向高收入的事业。生活中还有许多比钱重要的东西。

10. **无所不能** —— 每一个人都是与众不同的，如今的世界比以往任何时候都主张平等。如果你非常想去做，没有什么事情是不可能的。不要打击理想。

孩子对我们来说很重要，不论我们是不是父母。他们构成了下一代，而且不可避免地将随着我们的老去，而越来越深地影响我们的生活。我们都有机会为年轻人的生活做出积极贡献。个人的人生规划将决定我们贡献的程度。

我的里程碑

If you don't go after what you want, you'll never have it. If you don't ask, the answer is always no. If you don't step forward, you're always in the same place.

不去追逐你所渴求，你将永远不会拥有。不开口问，回答永远是No。不往前走，就将永远停留。

我的里程碑

If you believe in yourself and with a tiny pinch of magic, all your dreams can come true.

如果你相信自己，然后再加上一点点运气，那你所有梦想就都能实现。

171

父母

许多父母都觉得很难放任孩子不管，尽管这意味着欢迎一个更为可爱的成年人进入他们的生活。同样，在你开始自己的人生时，也希望他们再次回到你身边。在成长过程中，我们都和父母保持着距离。现在你需要与你的父母建立一种别样的关系。如果他们变老了，你就会发现他们向你寻求建议，来帮助他们做出人生选择。这对于你们双方来说都同样困难，因为与你小时候相比，你们之间的角色实际上颠倒过来了。

我们不能改变我们的父母，但是我们可以影响与他们之间的关系。也许在你设计人生规划时考虑一下如何与父母相处是颇有裨益的。在他们的一生中，你都会不可避免地占据着重要位置。也许你也希望能感受到他们对你同样重要。

关系如何改变

有许多心理学上的基本知识都能帮你有效地处理与你父母之间的关系。这就是“相互作用分析”，它解释了你和你的父母是如何互动的，这在人际关系指导中应用广泛。这是因为它能使你通过改变对别人的方式，而改变别人与你的相处方式。以下是一个简单的例子：

三个阶段

父母 —— 权威，培养，统治；

孩子 —— 服从，需求，温顺；

成人 —— 成熟，负责，平等。

你和你父母的关系毫无疑问地开始于“父母—孩子”这一模式。因为你年少不懂事，所以他们总是对的。当你长大后，你会推翻这种必然导致紧张和冲突的关系。如果你表现的像个“难于管教的小孩”，你可能会推动你的父母更长久地处在父母模式中。这就是为什么成长过程中当父母想要教训你时，保持理智、不要情绪化是很重要的。

与父母更加亲近

你的人生规划也许包含了与父母的关系更加亲近这一条。就控制你的生活和未来而言，如果他们理解你所做的事，他们就会给你更大的支持。至少他们会有那个机会！你的父母永远都是你的父母，但是如果你愿意帮助他们看到这些机会，他们还能充当更多的角色。

10 种向父母展示你已长大成人的方法

1. **把他们当做成人** —— 不要还是表现得像个孩子，而是要以成人的方式对待他们，他们也将会这样对待你，理智而非感性地回应他们，让他们从其他成年人的角度看待你。
2. **经常与他们交谈** —— 与他们越多地探讨你的生活、希望、恐惧和挑战，他们就越减少对你不必要的猜疑。猜疑的父母往往都是担心的。
3. **迈出第一步** —— 自己提出争论话题。这样不会让他们感到尴尬，而当讨论的时候，也将使他们的情绪更加平静。记住如果他们有顾虑，其他人可能也会有。
4. **讨论时事** —— 展示你的观点，并为各自观点的不同而展开辩论。礼貌地挑战他们的观点中你所不能认同的部分，帮助他们从你的角度看待事物。
5. **使他们保持年轻** —— 你长大就意味着他们变老。帮助他们充分摆正自己的位置。给他们新的经历，并让他们尝试新的事物。
6. **亲吻母亲** —— 父母都怀念与孩子的肢体接触，儿子拥抱父亲也没有任何过错。向他们显示你的爱。
7. **接受他们的经验** —— 尽管时间改变，事情却不会变。寻求并听取父母的建议并不是对你自己成熟的轻视。他们往往也遇到过同样的问题。
8. **付账** —— 父母经常为自己的孩子付账，而成年的孩子也应该为他们的父母付账。这会提醒他们你已经独立了。

9. **容忍偏执** —— 也许你是个快乐的单身汉，而你的父母希望你结婚。把这作为一种真诚的关心，接受他们的偏执，并让他们看到你的快乐。父母会偏执于一些非常奇怪的事情！

10. **联合你的孩子** —— 让他们有机会作为祖父母去管理小孩，而不是管你。

不论你的生活有多忙碌，都应该能够抽出时间去看望你的父母，并花些时间陪他们。如果你想建立或强化你们之间的“成人—成人”关系，你需要发起一个谈话，谈论一些你们以前从未探讨过的话题。以下这些事情也许你会乐意尝试。

10 个启发父母开诚布公与你交谈的问题

1. **告诉我你家庭的秘密** —— 每个家庭都有自己的秘密，败家子和英雄。鼓励你的父母分享那些故事。你甚至可以将它们写下来。
2. **告诉我为什么** —— 你一定会有自打童年起就不能解答的问题。追寻那些快要遗忘的记忆，并理解事情为什么会这样。做好接受事实并继续前进的准备。
3. **遗嘱在哪儿** —— 没人愿意写遗嘱，但是临死的时候有一份会更加便捷。微妙地提出这个话题。确保你知道父母在哪里存放遗嘱以及其他有价值的文件。
4. **这是谁** —— 浏览家族的老照片，让你的父母把姓名和日期记在背面。这个过程能够引发他们去回忆并分享过去的奇妙事件。创建一个家族档案馆吧。
5. **你曾是个社会运动人士吗** —— 找出你父母在年轻时强烈不满的事情。他们曾经反对的事现在可以正常接受吗？与他们一起探究经过这些年态度是如何转变的，这对你和你的人生规划来说又意味着什么。
6. **你们是如何相遇的** —— 分享他们的罗曼史会引出一系列父母年轻时的其他故事。父母对这段感情持何态度？深入了解一下这段感情。
7. **什么曾是你生活的亮点** —— 鼓励他们为往昔的成功庆祝。将父母的成就和你自己的人生目标做一番对比。

8. **什么曾是你生活的低潮** —— 找出父母是如何处理他们曾面对的困难。他们的经历会极大影响你的恢复能力。

9. **在你的生活中还希望达成怎样的愿望** —— 尽管多数情况下他们会谦逊地回应你，但是你可以促使他们拥有一些新奇的梦想，并帮助他们实现。你将会发现，志向是没有年龄限制的。

10. **世界上的什么改变让你最为惊讶** —— 探寻政治、偏见和实践是如何改变的。讨论一下它们将会怎样继续改变下去。把自己生活的各个方面和他们的进行对比。

家族故事

在你进行自己的人生计划时，你也许会创造出这个家族的历史，鼓舞后人。同样，你也能够从自己家族过去的成就中获得鼓励，即使它们与你自己的成就相比略显不足，或者过于杰出。

直到两百多年前还很少有人能够阅读。在那之前，传统、历史和文化在历代之间口口相传下来。每一代人都广泛地运用讲故事的方法，在前人经验的基础之上传递信息和指导行动。探索你家族的历史会帮助你找到自己人生规划的出发点。例如，有这样一种说法：父母视如珍宝的偏见与传统都是从他们的父母身上得到的。

你也许还能发现一些十分有趣的前人，他们能够为你的人生计划提供很有价值的参考。他们或许是取得了巨大成就的人，也可能由于其他原因而臭名昭著！当你在计划未来的时候，偶尔回首过去也是很有用处的。

祖父母

如果你既是儿女又是父母，那么你的孩子就有了祖父母。这很明显，但是我们总在试图保持父母和我们自己生活之间的那段健康距离，却都忽视了鼓励父母成为活跃的祖父母所带来的巨大好处。与他们分享你的育儿经验会丰富三代人的生活。这还能使你解脱出来，实现其他的抱负。当你想要为自己做些事情的时候，请父母帮助照看孩子是没有任何过错的。

父母的人生规划

如果你的父母健康、活跃、忙碌而充实，你就会有更多的时间来完成自己的理想。当老年人开始感到脆弱或不适时，他们会变得十分苛求。当老年人变得孤僻，并对任何事都提不起兴趣时，对任何人都不会有帮助。以下是你可以鼓励父母尝试的10件事。

10 种鼓励父母尝试的新鲜事物

1. **旅行** —— 他们现在有时间，也许也有钱，可以去许多以前看来不可能去的地方。让他们出国转转吧！
2. **运动** —— 坚持运动会让你活得更长久。有些运动几乎非老年人莫属，例如保龄球。让他们玩玩吧。
3. **写作** —— 你的母亲是一个崭露头角的诗人吗？又或者你的父亲想要写自传？出版并不重要，你就是读者。
4. **宠物** —— 喂养宠物会让他们不再纠缠你。如果他们买了一只狗，还能敦促他们散步，并保持健康。
5. **购物** —— 上了年纪的人都习惯用旧的东西，而不愿意去买新东西。鼓励你的父母去购物，经常享受购物的乐趣。
6. **志愿者** —— 老人具有经验和时间。总有一些更年迈或身体更不好的人需要他们的帮助。慈善事业需要志愿者。
7. **参与** —— 你会惊讶于数量众多的俱乐部和社团。不管他们喜欢什么，都能找到一个专属的俱乐部或社团。
8. **上网** —— 网络是个用来探索的好地方。甚至还有一些老年人聊天室，供他们结识网上的热心人。
9. **学习** —— 活到老，学到老。也许一门外语、手艺或技能可以帮忙填补那些退休后的时间。
10. **爱情** —— 如果你的父母仍然在一起，那么年迈既会带来机遇也会带来挑战。鼓励他们重温罗曼史吧。

父母养育了你，并且会对你人生的发展抱有兴趣。与他们分享你的人生规划，并鼓励他们设立他们的人生规划，这样会让他们不再为你操心。主动管理你与父母之间的关系，会让你重新接受他们，拉近与他们之间的距离，也许还可以使你的人生规划更易于实现。

10

金钱

不涉及金钱的人生规划是不可能的。我们都需要赚钱来支付我们的生存开销，除非你已经拥有或继承了足以让你真正活得舒服的金钱。对于大多数人来说，人生规划的中心主题就是开源节流和增加收入，以及减少任何债务麻烦。

你需要多少钱

你所拥有的金钱总是感觉少了那么一点点，绝少有人能够宣称自己已经满足了。我们大多数人都要每月管理财务，试图支付所有的账单，并为将来节约一些。

此外，我们的许多理想都需要花费金钱来完成。例如，如果不提前进行飞行课程训练，你不能驾驶飞机。我们面前布满了昂贵的诱惑。唯一的答案就是平衡日常所需和放纵挥霍。换句话说，你需要在小气吝啬和来者不拒之间找到一个快乐而又支付得起的折中办法。

以下是10种金钱诱惑，以及如何对待它们的方式。

10 条钱为什么永远不够用的理由

1. **你总想要好东西** —— 你总是希望把事做好，而我们的社会对你成功的定义也是依据你所拥有东西。没有什么是你买不到的。把购买好东西作为一个目标，并避免冲动消费。
2. **你不愿意等** —— 我们的祖辈惯于用积攒的方式获得物品，而我们却选择当下拥有、贷款支付。我们没有攒钱的耐心，并且信贷也具有前所未有的方便和实用。为你自己制定一个信贷目标，但不要超支。
3. **我们都是收藏家** —— 一旦我们开始获得物品，我们就渴望其他的东西与之相配。买了一只沙发你就需要一块新地毯。请量力而行。
4. **忌妒** —— 我们都不愿意落后于我们的邻居、家人和同事。一旦有人买了个新玩意儿，我们就都想拥有一个。为什么不分享其中的一些，而非要人手一个呢？
5. **广告效果** —— 那些经销商创造的文字和图片，牵动着我们的钱包，鼓励我们购买自己所没有的东西。不要被他们误导，认为自己是最后一个没有购买这一“必须”品的人。
6. **社交开销** —— 没有人愿意每个晚上都坐在家里。与朋友共度一个夜晚是需要花钱的，但是谁愿意做一个扫兴的人，建议别人到其他便宜些的地方去呢？为你的社交圈子介绍一些偶尔“低消费”的晚间娱乐活动吧。

7. **孩子** —— 如果你有小孩，你就会知道养育他们是很昂贵的。他们也总是想让你给他们买最新的玩具。不要太轻易就向他们投降。

8. **恋爱** —— 如果你的恋情刚刚开始，或者正经历着困难时期，你就需要在一些浪漫的礼物和体验上做些投资。试试AA制，不要全都自掏腰包。记住，他们在乎的是你，而不是你为他们买的东西。

9. **上瘾** —— 也许有些危言耸听，但我们都会对各种事物上瘾。饮酒和抽烟是众所周知的昂贵嗜好，但是拿铁和卡布奇诺又怎么样？它们的开销同样也很大。

10. **你赚得太少了** —— 一个为超支辩护的好方法就是把它归咎于收入短缺。你需要从超支与收入短缺两方面努力来保持收支平衡。

一夜暴富

这个世界充满了一夜暴富的方法。提出这些方法的人通常自己本身并不富有，但似乎又能够为别人揭露一些他们知道的秘密。实际上，并没有一种途径能够迅速致富。如果你想增加收入，就必须工作更长时间，或者找一个收入更高的工作。也许你可以学习一些新技能，使你能够赚得更多，甚至找到一份第二职业。

提防任何形式的一夜暴富的方法。问问自己为什么提出这些方法的人需要鼓励你去加入。如果真是好方法，他们为什么需要你？

减少开销

不管你能赚多少，上个月的钱总是不太够。很少有人宣称他们已经拥有了所需要的一切金钱。有很多简单的方法能让你减少每月开销而不必将就。以下的10种方法你可以着手尝试。

10 种节约开支的简单方法

1. **核对直接借记** —— 你真的能够确定自己清楚每月银行账户的资金流向吗？那些没用的保险单费用，和那些我们已经不再支持的组织捐款会不知不觉把我们的银行搬空的。
2. **固定债务** —— 抵押贷款要比信用卡贷款便宜得多。独立金融顾问能把你所有的债务转化为抵押贷款，从而帮助你降低支出。经常去咨询意见吧！
3. **收集硬币** —— 小面额的零钱就这么不见了。养成检查口袋或钱包里零钱的习惯，并把它们投入存钱罐。
4. **大批购买** —— 尽管超市里大包装的商品代表了超值，但你所要控制的是不要因为你买了更多，就用的更多。
5. **与邻居分享** —— 当你可以问邻居借用一些工具的时候，为什么要自己买一个修枝剪呢？让他们使用你的电钻作为回报。计划在你的街区建立一个“工具共用站”吧。
6. **把你的信用卡放在家里** —— 这可能有些残忍，但如果你养成了冲动购买的习惯，这样做会有效地制止你！当你需要买大件东西时，你需要先回家取卡。
7. **给零用钱** —— 每周给孩子一定数量的零用钱，意味着他们可以自己买东西。如果没到一周就花光了，他们就会去学习如何更加节省，而不仅仅是向你索要更多！
8. **对父母好些** —— 随着父母渐渐变老，他们可能会用自己的闲钱来补贴手头缺钱的孩子们。

9. **带个瓶子** —— 你有没有计算过自己在咖啡厅花了多少钱？除非那是你社交或工作的例行公事，带上一瓶咖啡或茶将帮你节省很多钱。

10. **购买二手货** —— 到那些慈善商店或拍卖网站搜寻特价商品。你所需要的几乎所有货物都可以买到二手货。到处逛逛吧。

预算

管理开销的艺术之一就是设置预算。你可以按照自己的意愿或详细或直接地制定。重点是它能够监控你的开销，因此除非你的意志非常坚定，否则就做一份预算！你可以在笔记本或电子表格上记录以下内容：

每月固定支出；

日常家用开销；

订阅费和会费；

食物及其他生活开支；

休闲娱乐开支。

要记录这些内容，你可能需要核对银行账单和信用卡账单。如果有一些支出无法识别，那就说明你干得不错。你可以杜绝不必要的开支！

收入和必要支出之间的差额就是你可以节省下来或用来娱乐的金额。你必须要决定这些每月剩余的钱是用来节省，还是用来消费。

存 钱

当前，存钱已经不那么时尚了。但是建立一小笔“穷困时期”的资金预算始终是个好主意。这意味着你可以应对小型金融危机，而不会感到痛苦和麻烦。

如果你确有存钱的习惯，或你恰巧有些闲钱，除了那些钱带给你的利息之外，你还会得到更多实际的收益。例如，你可以为你想买的货物讨价还价，而不需支付贷款的利息。

你的确需要存钱。有如此众多的投资手段可供选择，不论是高利息存款还是购买股票等等。如果你拥有一定数额的钱可以用于安全投资，那么可以听取些建议，并确保只在你能够接受的风险范围之内进行投资。

赚更多的钱

如果你的人生规划极其远大，那么你需要做的事只会更多，不会更少。尽管这里所述的众多建议和想法不会花费你任何金钱，但你可能的确会想要赚得更多。在某些领域做个兼职几乎是标准途径。但是，这样会损害你和老板之间的关系。你也不会有时间享受生活，因为兼职就意味着点灯熬油地开夜车。

那么你需要考虑一下如何能够赚得更多。以下列出了一些十分显而易见，但同样也更容易被忽视的事情。其他的途径会更具难度，但是也都有可能实现。

10 种无需兼职就能增加收入的方法

1. **要求涨工资** —— 这是多么明显的事，可是问问自己，最近一次与老板协商涨工资的事宜是什么时候？
2. **换工作** —— 有时候你需要找一个新老板，来体现自己的真实价值。这是因为一旦你长期待在一个地方，你就往往被人忽视。
3. **获得资质** —— 人们已经证实，用一张资质证书体现个人的能力，最终会得到更高的工资。你可以加入一个专业学术机构或考虑一门函授课程。
4. **调离** —— 如果你的老板在许多地方都有业务，你可以考虑换一个新的工作地点。加入一支新团队不仅可以带来跟换工作一样的效果，还可以相对减少些风险。
5. **承担额外职责** —— 加大目前的工作量，将会使你能够申请更高的工资。但要记住，在你希望得到额外职责之前，你可能需要先证明自己能够胜任。
6. **表现和工资挂钩** —— 通过表现与工资之间的挂钩，帮助老板分担风险。你有足够的胆量这么做吗？
7. **出租空闲屋子** —— 把垃圾清理出去，给自己收拾一个出租间。年轻人离开家后只能支付得起这种方式。计算一下租赁家中的一间空房能给你带来多少利润。
8. **把家变成电影场景** —— 你并不需要住在城堡或是河水环绕的庄园，才能通过这种方式赚钱。拍电影不只是需要那些不同寻常的环境，也会需要一般家庭的场景。

9. **发电** —— 这会变得越来越重要。太阳能、风能和地热都是你能够用来自己发电的方式。

10. **少花钱** —— 如果这10条中没有一条能够吸引你，你可能就需要回过头来看看如何削减自己的开销了。

债 务

也许你对自己人生规划的起点并不完全满意。对于我们大多数人来说，债务是我们都希望削减的项目之一。债务及其产生的焦虑会主宰我们的生活。从债务的阴霾中走出来，对于多数人来说，都是人生规划的一个重点目标。

以下这些建议可以为你提供帮助。

10 种摆脱债务困扰的途径

1. **削减开销** —— 你需要省下钱来偿还欠款。从每月的预算中省出这笔钱吧。
2. **减少利息** —— 许多债务合并贷款利息都非常高，这么做其实是孤注一掷。你最佳的选择就是用自己的抵押贷款来偿还这样昂贵的贷款。在没有采纳合适的建议之前，永远不要这么做。
3. **重新谈判** —— 对于你的债权人来说，把你告上法庭也并不是件容易的事。看看你们是否能够重新协商。多数大公司都会有专门的团队帮助那些无法偿还债务的人。
4. **制定预算** —— 如果你记录下每月的收入与支出并拿给主要债权人看，就会帮你向他们解释问题的所在。如果他们知道为什么你无法偿还，就更有可能激发他们的同情心。
5. **核对是否属于自己** —— 除非你签订了贷款合同，或自己承担了支出，否则你也许根本不用为这个债务负责。举例来说，已婚的人都会不自觉地承担起了对方的债务。
6. **声称不知** —— 如果你是被故意误导，而且可以在法庭上提出证据，你可能就不需要偿还贷款了。你可以采纳一些法律建议。
7. **财产扣压令** —— 如果你是因为某个公司欠你钱而导致负债，那么你可以向法庭申请一个针对于此公司某个客户的财产扣压令。这意味着这个客户要赔偿你，而不是欠你钱的这家公司。

8. **保持交流** —— 无视债务会让人们生气。与你的债权人保持联络，诚实地告诉他们你的实际情况。

9. **抵抗压力** —— 如果发展到贷款追偿，法律就会相当严格。不要向某个债权人的威胁屈服，这只会让情况更糟糕。

10. **采纳建议** —— 有很多咨询代理商能够帮你处理债务。有些还可以替你和债权人谈判。

重要债务

如果你欠下了许多债，有些债务偿还就要优先于其他债务。那些叫得最响或发要求信最多的债主，并不一定是你需要优先偿还的人。有些人你的确需要优先考虑，比如你的房东或抵押放贷人，这样你就不会失去住处、供电和电话之类的基础服务和你赖以代步上班的汽车。总的来说，首先要处理的是那些如果不还就会把你推向比现在更糟境地的债务。

如果你打算回应众多提供债务整理服务的电视广告，你要记住这些公司往往会收取高额的费用。这些费用会并入重组债务，你才可以负担得起。一些人也会考虑破产，但请经常咨询一些专业建议再去行动。

总 结

事实上钱除了作为交换工具之外没有任何用处。它的价值取决于它能让你做什么。仅仅靠钱本身的力量，不会为你的人生规划带来多少帮助。减少债务、增加闲钱以及为未来攒钱，这些目标都会成为人生规划的组成部分。但是要知道，你最大的人生成就将不会是你在银行存有一大笔钱！

家 庭

家一定是你的计划中最为放松的地方。在这里你可以独处，也可以呼朋引伴。你的人生规划将不可避免地涉及翻新你的房子，以及你可以在家里做的事情。如果你和别人分享房子，你还需要结合你们双方各自的计划和想法。如果分享房子而你又拥有足够的空间，也是不错的，因为每个人都会有自己的私人空间。有时候我们都会需要一个人静静。

也许你在现在的房子已经住了几十年，又或者是刚刚搬进来。你的住所也许是别墅，也可能是公寓、船舱或单间。不论你的家是什么样的，你都会希望它足够舒适，感觉它属于自己，并能放入你最珍视的东西。如何既完成梦想而又不花太多钱或者不脱离其他的人生目标？这是我们面临的挑战之一。

舒 适

舒适对于不同的人含义也有所不同。有很多可以让大多数人都感到舒适的事物，而我们总是太忙而无暇顾及。以下是一些可以在家里尝试、让你感到更加舒适的小事。如果它们对你来说是些特殊礼遇，你也可以仅仅把它们用作自己取得重大成就的奖励。

10 件让生活更加舒适的小事

1. **睡懒觉** —— 每周至少睡一次懒觉。不要让你的工作时间破坏这一规律。改变每天例行公事的状态能让你感觉对生活更具掌控力，而不是被时间控制。
2. **松软的毛巾** —— 丢掉那些用旧的毛巾，每个清晨冲凉后都将自己裹进蓬松的大毛巾里去。带着美好的感觉开始这一天。
3. **网上购物** —— 节省时间、燃料以及每周超市大抢购的麻烦，在网上订购你的杂货吧。即使要支付递送费，仍然要比开车去商店便宜得多。用这些省下来的时间做些更有趣的事情。
4. **新鲜的橙汁** —— 每周至少抽出一天榨一个橙子，做一顿特别的早餐。也可以调制新鲜的咖啡。准备这两种食物的过程与食物本身同样可以带来享受。
5. **美妙的音乐** —— 我们购买CD或下载MP3时很少要靠别人鼓励，但是为什么不更经常地听些音乐，为每一天都设置一个场景呢？如果你总是开着收音机或电视，你还可以试着关掉它们过一天，看看这感觉是怎样的。
6. **清洁汽车** —— 为了节省开销，你可以省掉开车去外面洗车行洗车，而是自己把汽车从里到外清洁一遍。它将和新车一样漂亮。
7. **种植香料** —— 你所需要的只是一个洒满阳光的窗台。很多香料可以在家中种植，它们会使你做的饭菜美味可口，即使是那些直接用微波加热的冷冻食品！新鲜的香料很容易生长，并且为你的烹饪增添地中海风情。

8. **写信** —— 偶尔避免使用E-mail和文本。买一些漂亮的信纸和一支钢笔，给朋友写写信。将回信收藏起来，日后反复阅读。
9. **泡澡** —— 添加一些香氛，点上些蜡烛，关掉电话，泡一小时的澡。如果有足够的空间，你还可以和伴侣一起泡。
10. **早点睡觉** —— 看上一本好书，早早睡觉，或者直接进入梦乡。把那些家庭琐事都留到明天吧。

做出自己的风格

我们的家往往会随着我们兴趣和生活方式的变化而变化。例如，同样一幢房子，有小孩的家，和20年后孩子各自生活只剩下他们的父母独自居住的家是完全不一样的。

不管你现在处于人生的哪个阶段，你都会希望你的家拥有一个新鲜的形态。问问自己它是否真的像个家，还是仅仅供你睡觉和打发时间的地方。如果一个不认识你的人来访，他们会给你怎样的总结？将这个总结和你希望得到的总结做个对比。最重要的是，问问自己什么会让它更有家的感觉。以下是一些可供参考的办法。

10 种方式让你的家更有家的感觉

1. **墙上的照片** —— 在墙上挂些你喜欢的照片。可以是家人、朋友或者是你所经历的快乐时刻。把它们展示出来，会提醒你那些愉快的时光。
2. **种植** —— 收拾花园可以成为一项繁琐的家务，但是在你的花园里，即使很小的变化都能让它更具你的风格。若你不以园艺为乐趣，就选些易于维护的植物吧。
3. **门口的"欢迎光临"和走廊上的灯** —— 这会让你的访客感觉自己更加受欢迎。它还能成为你的指向标，指引你回家的最后一段路。
4. **选择色彩** —— 你的房子的色调也许并不是你喜欢的。尽管如此，也不要一次性全都更换，选一些自己喜欢的颜色，从那些最惹你讨厌的地方开始换起。
5. **考虑家具** —— 很少有人能够支付得起购买大量的新家具，但是经年日久，你拥有的家具会磨损而且过时。不要担心，仅仅购买一些单品，而不要试图一次性全部换掉。营造与众不同的感觉并不需要花费太多。从色彩鲜艳的靠垫和小块地毯着手吧。
6. **丢掉垃圾** —— 那些家庭废弃物，可能是我们住第一所房子时留下的，总是常年堆在那里。有时丢掉废弃物品和购买新品能达到同样良好的效果。
7. **到处都是书** —— 如果你有很多书，把它们陈列出来。购买自己感兴趣的书籍，让自己置身在兴趣和爱好之中。

8. **大屏幕** —— 如果你爱看电影，那么为什么不把自己的家设计成电影院呢？约上几个朋友，买上爆米花，你们总能拥有最好的座位。

9. **蜡烛、香薰、风铃** —— 与心灵深处的自己交流是很有好处的。你不仅可以点上蜡烛让自己平静下来，还可以在你娱乐的时候把它们用作场景布置。创造一个轻松的环境吧。

10. **旅游纪念品** —— 如果你曾经或正希望环游世界，为什么不把那些证据挂在墙上？每当你走进屋子的时候，你都会回忆起你的旅行。

让你的家别具一格

不管你喜不喜欢，我们都会参观彼此的家，并做出自己主观的评价。如果我们的家风格独具，那么它就不仅可以满足我们炫耀的本性，还可以让我们自己感觉良好。当你已经加入了自己的风格，你也许还会希望通过增添一些最后的润色，让它别具一格。

营造一个别致的家并不需要花费很多钱。事实上，这里的建议几乎不需要你花钱。独特并不意味着昂贵。

10 种经济实惠的方法让家庭别具一格

1. **庭院灯** —— 这些灯可以利用太阳能发亮，使其更加环保。庭院四周的灯可以让你的家看起来很别致，也意味着你可以在黄昏之后欣赏心爱的植物。
2. **更加醒目的油漆** —— 首先你要确保对此没有规章制度的约束，但是一个更加自信的色彩方案会与你更加自信的生活方式相匹配。让你的前门成为整条街上最引人注目的一个。
3. **低瓦数电灯** —— 使用低瓦数电灯照明，在你的家中营造一块光影交错的地方。许多家庭都拥有内置式变压器，可以简单地替换现有的设备。还有其他一些电灯可以插在墙上的插座里。
4. **靠垫** —— 随处散落在你家客厅里的大靠垫给你带来真正轻松的感受。对于浪漫的夜晚，这是再好不过了！
5. **镜子** —— 有计划性地放置镜子，会让每个房间看起来更宽敞、更明亮。如果你只有一间小公寓，或仅仅想让屋子更加明亮，镜子会带来额外的好处。
6. **经典色彩** —— 装修房屋时，选择你认为可以接受的颜色。醒目的色彩在漆桶中很漂亮，但刷在墙上也许会让你震惊（除非你买一罐样品事先试验一下）。想想你的家、你的风格、你的品味，如果有怀疑，请谨慎选择。重点是你在选择颜色，而不是适应已有的颜色。

7. **越简单越丰富** —— 拥有少量精品总是比满满一房子的小摆设好得多。狠下心来，把一些东西丢出去。

8. **老物件就是好物件** —— 为什么不看看父母或其他长辈有什么可以让你带回家的好东西呢？你还可以逛些旧货商店，找点特价商品。经过时间打磨的旧物件，能与光鲜亮丽的新事物相映成趣。

9. **奖状** —— 不带任何自满情绪地展示装裱好的奖状和与名人的合照，是个不错的方式。它们能作为谈资，还能提醒记住你那些特殊的时刻。

10. **鲜花** —— 为什么不让你的家经常开满鲜花呢？你可以把它们摆在桌上，或放在床前。不要过分追求大规模的布置，仅仅是花瓶里的几株茎叶都能营造出同样的效果。

杂物

被众多心爱的物品环绕会让你的家更具自己的风格，也会十分独特。但是还有一个危险，就是如果你持续增添新东西，而不清理旧物品，你的家会变得越来越乱。

从家里把杂物搬出去，实际上会让人对生活更为满意。长久地对着那些你已经挂了很久的装饰品，也会对你造成极大伤害。

如果你的人生规划涉及新的挑战，你也最好把弃旧纳新囊括进去。这并不一定是新的开始，但却是在你决定的人生方向上积极的一步。

10 种方法使你的家庭不再杂乱无章

1. **从简单的地方开始** —— 清空厨房里所有的碗柜，重新放入那些你认为某天还会用到的东西，把其他的丢掉。不要对杂物有任何感情依赖！
2. **去跳蚤市场** —— 收集你家里所有你认为再也用不上的东西，把它们变成现金。当你在跳蚤市场叫卖的时候，不要买任何东西。
3. **阅读和回收利用** —— 杂志和其他阅读材料（除书籍之外）应当在阅读之后卖给回收站。撕下那些你感兴趣的页面。
4. **租用废料车** —— 如果你租用了一辆废料车而不把它填满似乎是太浪费了。搜索你的家，把车子填满。你还可以考虑与邻居共用一辆废料车，把这作为一年一度的活动。
5. **不要太感情用事** —— 如果年老的亲属把自己视为重要的东西给了你，他们仅仅是想给你些帮助。但是，你希望你的家能折射出你自己的快乐记忆，而不是他们的。你要顺从地接受他们提供的东西，但并没有义务把它们展示出来。
6. **清理电脑** —— 不要忘记清理你的电脑。删除你不再使用的程序，并存到不经常使用的备份硬盘上。释放你电脑中硬盘空间吧。
7. **接受错误** —— 每个人都会买一些他们从来不穿的衣服。

不要把这些购物败笔放在你的衣橱里。把它们送到慈善商店，或者在易趣网上卖掉。

8. **清理隔板** —— 你见到过那些几年前人们常买的小陶瓷装饰品吗？每一个都与众不同，且承载着出售它们的旅游胜地当时的繁荣。你有没有为这些纪念品以及曾经收到但更想丢掉的礼物搞一个收藏？为什么不把它们储藏起来，作为改变家庭新形象的一个环节呢？
9. **丢掉废物** —— 购买小玩意儿的时候，我们总以为会经常使用它们。但事实却并非如此。有没有什么东西是你深信永远也不会用的？为什么不把它们送到慈善商店呢？
10. **点堆篝火** —— 如果你有个大花园，点一堆篝火是个实用而有趣的方法。看着自己的杂物慢慢消失的过程的确很享受。

保持整洁

大多数人都认为整洁是美德，而对于另一些人来说，则是个艰巨的挑战。良好的整理习惯同努力避免重新购买已经丢弃的东西相结合，当然是个不错的方法。

整洁的最大好处就是你可以更加轻松地找到你想要找的东西。以下这些建议能够帮助你保持整洁。

10 条保持整洁的建议

1. **处理家用账单** —— 每当你支付完账单时，你就要把它撕碎或烧毁。这同样可用于工资单、个人银行账单和贺卡。
2. **逻辑头脑** —— 把新买的东西往里放，而不是放在最前排，这样你就不会旧物成堆了。
3. **收纳杂物** —— 为你想保存的东西提供收纳空间。如果它被装满了，记得放新东西进去之前，先将一些旧物清理出去。
4. **不要用纸** —— 把文件保存在电脑里，而不是把它们打印出来，这样能节约纸张。电子文档及图片也总是更容易查找的。
5. **说不** —— 人们总是不断送东西给你：礼物、产品样本、纪念册。礼貌地对他们说不。
6. **保存合同** —— 不要丢掉任何一张当前的法律协议。也许你有一天会想要证明某事已经协定，把它们放在安全的地方。
7. **纳税记录** —— 除非你雇佣私人会计，否则你都需要保留与你纳税相关的文件。当你需要询问关于收入和扣除方面的事情时，它们会很有帮助。
8. **保修证明** —— 在保修工作开始或错误设备替换之前，你往往需要发票和保修证明的复印件。建立一个档案，当保修过期之后，把相关文件丢掉。

9. **别忘了车子** —— 家里收拾得干干净净而汽车内一团糟，这恐怕也不太好。清理那些垃圾并随身携带，当你停车的时候把它们扔进垃圾箱。不要让它们堆在座位前面。

10. **人脉** —— 你的人际网络是一笔巨大的财富。考虑一下利用软件将你的地址簿和重要日期整理得井井有条，要很容易地记起那些对你至关重要的人的事情。

这样，你的家就会更像是你的城堡。你已经把它制造得更加舒适，让它更像个家，加入了一些别致的小玩意儿，而改造起来并没有花费太多钱（至少是个开始）。

如今，我们倾向于每隔几年就搬一次家，杂物也不再以过去的方式堆积了。然而，一个整洁的家也可以帮助你找到你需要的东西，而不会让你为忘记东西在哪儿而心烦意乱。

由于你改进了你的家，你也有望为自己更好地再充电。你也将为实现人生规划的其他方面做出更好的准备。

209

退 休

当你已年过六旬，或超过55岁，你就进入了当今被人广泛称为“第三年龄”的阶段。因为在一生中可大致分为3个时期：20年的成长及学习期；40年的赚钱时期；20年或更久的“第三年龄”期。

当然，如今的生活不再像这样被明确地分为几个阶段。事实上，当你正计划着改变你的人生时，照常理你不会想退休之后的事。这一章更多的是关于进入“第三年龄”之后摆在你面前的机会，它们可以构成你长期计划的一部分。如果你已经到了这个时期，那么你现在就有机会去实现它们了。

计划未来

不论你年纪有多大，为日后打算永远不会太早或太迟。当时间进行到可以生活得轻松一点，更专注于享乐而非工作的时候，你就会希望自己尽可能地处于主导地位。

以下是你需要考虑的一些事情，你会如何处理它们。

10 条建议帮助计划属于自己的未来

1. **你的老年时光很漫长** —— 活到90岁已经不是什么稀罕事了，有些人甚至超过了100岁。你要认识到你的老年时光很可能会相当漫长。
2. **对抗通货膨胀** —— 上一代的人们一生的积蓄都被通货膨胀消耗光了。与你的顾问讨论一下当你年老的时候如何杜绝通货膨胀，不要仅仅寄希望于公司福利为你提供一切所需。
3. **保持储蓄的好习惯** —— 我们需要享受今天，但也应该在你不想继续工作时存些私房钱。日积月累，积少成多，存钱其实是最简单的。把储蓄当成一种习惯吧。
4. **保护家庭** —— 当你退休后，你也许不会希望偿还任何抵押贷款或租金。问问自己，当你退休之后，如何才能不受巨大债务的困扰。
5. **好朋友** —— 随着年龄的增长，友情会变得更为重要。当你认识到上了年纪之后结交新朋友有时变得更加困难，你就会加倍努力去维护你想要持续的友谊。
6. **保持健康** —— 人类的身体功能竟然能够在这么长的时间里仍然工作得这么好，的确令人惊讶。获得健康并保持健康，不论你现在有多大年纪。现在的健康投资将在日后获得回报。
7. **海边的小屋** —— 你有没有想过为什么人们喜欢到海边养

老？现在就问问自己，当工作结束之后，你是否愿意搬到别处去。也许马上搬走是很值得的。权衡所有的选项。

8. **为孩子考虑** —— 如果你有个家庭，他们在你未来的规划中扮演什么角色？现在就与他们谈谈吧，以防他们意见不一。
9. **你可能会独自生活** —— 如果你和伴侣生活在一起，总会有一个人先离开人世。讨论一下你们会怎么做，一同协定当情况发生时你们会如何处理。
10. **立份遗嘱** —— 不论你所拥有的东西是多么少，立遗嘱会促使你同律师讨论你的遗产。遗嘱也会在充满压力的特殊时期为你的家人节省时间和麻烦。

义工

如果你选择退休，你会突然发现自己有大把的时间。在长期忙碌的生活结束时，这会让你感到十分奇怪，甚至沮丧。一个充实生活、开发新兴趣的方法就是当个志愿者。

志愿者并不仅仅是帮助别人，它还可以帮助你自己。当个志愿者会为你带来新的经历，让你可以学到新东西，并为你介绍新朋友。

我们的身边有许多做义工的机会，因此你需要明确选择对你最有帮助的一个。循序渐进而不要超出自己的负荷，这也是很明智的选择。尤其是退休的最初几个月，当你还怀念忙碌的日常工作时，做义工很容易实现。

为帮助你提前计划，或充分利用你现有的空闲时光，以下是一些做义工的建议。

10种对你自身有所帮助的义工机会

1. **急救** —— 学习如何挽救生命是非常高尚的。作为急救小队的一员，为人无偿提供帮助是一件快乐的事情。有些组织招聘义工，并为其提供急救知识培训及任务分配。找出这些组织。

2. **艺术** —— 如果你对艺术、音乐或古建筑感兴趣，那就在当地的剧院当个义务服务员或在豪华古宅做个义务向导吧。你可以随时尽情享受你喜爱的艺术，而且全部是免费的！

3. **学校** —— 我们有无数的机会去帮助年轻人。不论是听他们阅读还是指导毕业生。联系当地的教育中心，为他们提供帮助。也许你所学到的要比你教授的更多！

4. **家庭** —— 照顾一个家庭，满足其特殊需求（也许他们正在寻找收容所），会让你深入了解其他人的生活。作为回报，你可以帮助他们解释他们现在所生活的世界。

5. **监狱** —— 自愿看望那些不能与外界接触的犯人。对他们表示出兴趣，并尽量理解他们在改善自己的人生过程中所将遭遇的困难。

6. **慈善机构** —— 找一家你认为从事着重要工作的慈善机构，并提供自己的帮助。你也许会做一些实际工作，帮助募捐，或成为一名受托人。

7. **校园管理者** —— 如同慈善受托人一样，学校管理者实际上是学校的非执行董事。在一所小学校里，你需要做到面面俱到，但是在大型学校里，你也许只需要管理学校生活的一两个方面。

8. **运动** —— 只有少数运动组织雇得起员工；大多数都依赖于志愿者的善意帮助。对于重要赛事，有些组织会需要额外的人力。例如，经过培训后，你可以做一名赛车裁判员，沿途欣赏你喜爱的汽车运动。
9. **医院** —— 看望住在医院里的孤寡老人。你会加速他们的康复，还会明白自己目前的生活并不算太糟。许多医院都提供友情援助服务，向你介绍病人。
10. **帮助残疾人** —— 为残疾人工作，倾听他们的观点并满足他们的需求。对各种人群都提供服务。这会拓宽你对自己所生活的这块土地的认识。

放松一下

当你人生到达某个阶段时，你就会想要放松一下。你可能想要追求更小的压力、更少的责任以及更多的自由。你一定不会想要追求人生中一次突然的变化。可是当人们今天还在全天工作、明天就完全退休的时候，这种情况就会经常发生。

现在就考虑以下这些建议，以便当退休来临的时候，你能够平稳地过渡到最终的退休生活。

10 种方式帮助你平稳过渡

1. **工作时间变短** —— 一个逐渐退休的状态是花更多的时间休息，但是仍保持工作。这种逐渐的退休不论对于老板还是员工都非常适合。但是要事先安排好，否则你的老板可能会做出别的计划。
2. **实现一个梦想** —— 如果你在办公室工作，却总是想开巴士，现在机会来了。从办公室退休，去开巴士吧。事实上很多典型的低收入工作确实很适合退休的人从事。你可以尝试点不同的东西。
3. **教学吧，你可以的** —— 把你的知识和经验传递给年轻人，是十分值得尊敬的。你可以在中学、大学、监狱等许多地方教书。你还可以选择有偿或无偿，这取决于你的需求和兴趣。
4. **主婚** —— 如果你有一个特殊信仰，你就有成为牧师的可能。如果信仰在你生活中扮演着重要的角色，当你不需要在工作上花费时间的时候，就可以更多地融入你的信仰团队。
5. **移居海外** —— 搬到一个更加便宜和温暖的国度，会让看起来不可能的退休成为可能。为什么不在搬走之后教教中文呢？这会是一个了解他人的好方法。
6. **写作** —— 不是每个人都能写书，但是每个人都会有故事分享。你还可以为杂志写一些涵盖自己专业兴趣的文章。

7. **志愿者** —— 你也许并不缺钱，仅仅是精神兴奋。我们有成千上万的义工机会。有些已经在本文中做了介绍。

8. **开公司** —— 如果得不到你想要的工作，就自己创造一个吧。开一家公司，为你提供所需要的生活方式和收入。如果你有退休金，你将不需要也不想要全天工作。这种灵活性会带给你更多的施展余地。

9. **非执行董事** —— 许多公共团体雇佣非执行董事，每年花费大约50天时间来帮助公司实现战略目标。为什么不为自己安排几份这样的兼职呢？

10. **旅行** —— 你可以选择做一名游客，也可以是一名导游。但是导游旅行是免费的！

年老时的目标设定

你的抱负和目标永远不会停止。它们只是随着你年龄的增长而变化。事实上，我们都为未来计划着，但是有时在实施计划之前，我们等待得太久。为未来设定目标是很重要的，但避免事情的拖延也同样重要。如果时机来临，自己却不再拥有精力，这会让你感到非常失望。

同样我们也可以说，年龄越大我们就变得越小心，也越经不起风浪。以下列举的这些事情你也许还没有尝试过，但可以考虑把它们添加到你“不要再拖”的目标里。

10 件要做的为时未晚的事情

1. **亲吻和弥补** —— 家庭宿怨会持续很久并深化。应当理想地解决它们。勇敢地迈出第一步吧。
2. **出国旅行** —— 总是有一个理由让你拖延徒步或潜水旅行计划吗？现在你需要做的就是安排好时间，带上钱出发。多带些纪念品回来。
3. **战胜恐惧** —— 如果你总是害怕某个事物，就依靠别人的帮助去战胜它。你会发现这是一种令人惊奇的自我解脱。
4. **吃顿大餐** —— 如果你总是避开那些昂贵的大饭店，那么你最好至少光顾一家。精心打扮，把它看成一场庆典。不要为账单担心。
5. **赌博** —— 如果你从来没有把钱投入到一匹马上，为什么不尝试一次呢？还有没有其他你没有做过的，但只做一次又不会伤害你的事情？不要让你的健康、财富或感情担风险，但如果你平时很胆小，就至少勇敢一次。
6. **你的家谱** —— 它会深深吸引你，并告诉后代他们的前辈都做过些什么。
7. **体验飞行** —— 你在乘坐民航客机时，有没有幻想过自己可以像鸟儿一样自由飞翔？其实这也并不是不可实现的事，去学习驾驶滑翔机吧，并不是特别难。
8. **无条件匿名赠予** —— 为一个好理由捐款，不需要别人认识你，或对你说谢谢。这是你所能做的最纯粹的赠予。先从那些你可以获得感谢的小额募捐开始做起吧。

9. **原谅你的父母** —— 这是个很有深度的话题，同时也很难于解决。我们许多人都在一生中不断把自己的缺点归咎于父母。请原谅他们。

10. **写下你的故事** —— 你身边的人们会认为他们非常了解你，但是你才是最了解自己的人。为什么不把自己的人生故事写下来？内容可以随心所欲地简单或复杂。利用这个理由去思考、记忆和记录。你不必和人分享，只需好好保存。

20

着手进行

制定并遵循自己的人生规划可是个不小的功绩。当你开始设定长期人生目标时，它们看起来是如此遥不可及，好像完全无法完成。这会让你对这个过程感到十分恐惧。但是请不要惊慌，解决方法就是一步一个脚印。

每个人的人生规划都各不相同。我们都会从不同的地方开始，因为没有哪两个人过着完全一样的生活。同样，由于理想和目标也种类繁多，每个人的计划都会包含迥异的步骤。这就是为什么本书包含了几百条简单的步骤，帮你改进生活状态。你只需要按照自己的希望将它们排序，来实现你所寻求的改变。

大多数人都会从开始读起，给成功下定义，更重要的是挤出些宝贵的时间用于计划。细看之下，你还会发现每一步的长度都将取决于你生活的某个方面。有些方面发展起来要比其他的容易。但是要记住，你认为简单的，别人可能觉得更具挑战，反之亦然。这是个非常个人化的项目。

对于很多人来说，最主要的麻烦将来源于工作。但是这本书为你呈现了众多的选项：在你现任职位上做得更好；换个别的工作；或者开创自己的事业。当你在经历人生的过程中，你可能会想要重新看看这章或者书中的其他章节。生活毕竟是向前发展的，这些满足你目前需求的条目，将不同于几年之后你所认为的最重要的条目。关于感情、孩子和父母的几章都是重要例子。

当你使用这本书时，为什么不把你自己的笔记、评论和日期添加在空白处呢？用即时贴贴在书页里，以便你有更多空间添加你的评论。然后你就可以回顾过去，来重温你的某些希望、担忧、野心和挑战。要知道，人生规划是为了人生，而不只是为了下半年。祝你好运！

（京）新登字083号

图书在版编目（CIP）数据
轻生活：680条简单、有趣、低成本、零负担的私生活tips /（英）阿什顿著；麻宁译. —北京：中国青年出版社，2012.1
ISBN 978-7-5153-0456-4
Ⅰ. ①轻… Ⅱ. ①阿… ②麻… Ⅲ. ①生活—知识 Ⅳ. ①TS976.3
中国版本图书馆CIP数据核字（2011）第260597号

版权登记号：01-2007-4842

责任编辑：王飞宁　李佼佼
内文插图：赵　斌
装帧设计：瞿中华

出版发行：中国青年出版社
社址：北京东四12条21号
邮政编码：100708
网址：www.cyp.com.cn
编辑部电话：（010）57350501
门市部电话：（010）57350370
印刷：三河市君旺印装厂
经销：新华书店

开本：880×1230　1/32
印张：7.5
字数：100千字
版次：2012年2月北京第1版
印次：2012年2月北京第1次印刷
定价：25.00元

本图书如有印装质量问题，请凭购书发票与质检部联系调换
联系电话：（010）57350337